Roland Hanewald

Juist

W0371433

Kein Klang der aufgeregten Zeit drang noch in diese Einsamkeit.
Theodor Storm

Impressum

Roland Hanewald
Reise Know-How Juist

erschienen im
Reise Know-How Verlag Peter Rump GmbH
Osnabrücker Str. 79, 33649 Bielefeld

© Reise Know-How Verlag Peter Rump GmbH 2001, 2003, 2006, 2009, 2011
6., neu bearbeitete und komplett aktualisierte Auflage 2015

Alle Rechte vorbehalten.

Gestaltung
Umschlag: G. Pawlak, P. Rump (Layout); S. Lutterbeck (Realisierung)
Inhalt: G. Pawlak (Layout); S. Lutterbeck (Realisierung)
Fotonachweis: Roland Hanewald (rh), Hans Kolde (hk), Franziska Feldmann (ff), Heino Behring (hb)
Titelfoto: Franziska Feldmann (Motiv: Das Seezeichen, Juists aktuelles Wahrzeichen, am Ende der Seebrücke)
Karten: Catherine Raisin, der Verlag

Lektorat: Caroline Tiemann
Lektorat (Aktualisierung): Svenja Lutterbeck

Druck und Bindung: MediaPrint, Paderborn

ISBN 978-3-8317-2619-6
Printed in Germany

Anzeigenvertrieb:
KV Kommunalverlag GmbH & Co. KG,
Alte Landstraße 23, 85521 Ottobrunn,
Tel. 089-928096-0, info@kommunal-verlag.de

Dieses Buch ist erhältlich in jeder Buchhandlung Deutschlands, der Schweiz, Österreichs, Belgiens und der Niederlande. Bitte informieren Sie Ihren Buchhändler über folgende Bezugsadressen:

Deutschland
Prolit GmbH, Postfach 9, D-35461 Fernwald (Annerod) sowie alle Barsortimente

Schweiz
AVA Verlagsauslieferung AG
Postfach 27, CH-8910 Affoltern

Österreich
Mohr Morawa Buchvertrieb GmbH
Sulzengasse 2, A-1230 Wien

Niederlande, Belgien
Willems Adventure, www.willemsadventure.nl

Wer im Buchhandel trotzdem kein Glück hat, bekommt unsere Bücher auch über unseren
Büchershop im Internet: www.reise-know-how.de

410ju ff

Wir freuen uns über Kritik, Kommentare und Verbesserungsvorschläge, gern auch per E-Mail an info@reise-know-how.de.

Alle Informationen in diesem Buch sind vom Autor mit größter Sorgfalt gesammelt und vom Lektorat des Verlages gewissenhaft bearbeitet und überprüft worden.

Da inhaltliche und sachliche Fehler nicht ausgeschlossen werden können, erklärt der Verlag, dass alle Angaben im Sinne der Produkthaftung ohne Garantie erfolgen und dass Verlag wie Autor keinerlei Verantwortung und Haftung für inhaltliche und sachliche Fehler übernehmen.

Die Nennung von Firmen und ihren Produkten und ihre Reihenfolge sind als Beispiel ohne Wertung gegenüber anderen anzusehen. Qualitäts- und Quantitätsangaben sind rein subjektive Einschätzungen des Autors und dienen keinesfalls der Bewerbung von Firmen oder Produkten.

Roland Hanewald

JUIST

REISE KNOW-HOW®

Auf der Reise zu Hause
www.reise-know-how.de

- Ergänzungen nach Redaktionsschluss
- kostenlose Zusatzinformationen und Downloads
- das komplette Verlagsprogramm
- aktuelle Erscheinungstermine
- Newsletter abonnieren

Bequem einkaufen im Verlagsshop

Oder Freund auf Facebook werden

Vorwort

Juist ist eine der schönsten Inseln der Nordsee. Wenn man die 17 km sandiger Terra firma in Anlehnung an alte Legenden als Töwerland („Land des Zaubers") bezeichnet, dann liegt man gar nicht so verkehrt. Zwar liegt der Ursprung des Wortes in Hexenzauber, doch heute ist der Bezug ein ganz anderer. Nämlich sich immer neu einstellende Naturszenarien voll wilden Zaubers: der stiebende Wellenschlag der Nordsee, jagende Wolken, auswehende Dünenkämme, rauschende Vogelflügel, prachtvolle Sonnenauf- und -untergänge; jeder Tag bringt neue, beglückende Impressionen.

„Kein Klang der aufgeregten Zeit/ drang noch in diese Einsamkeit", lobpries der Nordseebarde Theodor Storm die Atmosphäre an den Stränden des deutschen Hausmeeres. Das war vor über hundert Jahren, und nicht überall trifft diese Erkenntnis heute mehr zu. Auf Juist aber allemal.

Herrlich ruhig ist es dort in der Tat. Kein Motorenlärm zerreißt die Stille des benzinfreien Eilands, keine Scheinwerfer zerfingern das nächtliche Dunkel. Klop-klop-klop gehen unbeeilte Pferdehufe, ein natürlicher Rhythmus, der keiner Gewöhnung bedarf. Und noch weniger wird jener des brausenden Sturms, der grollenden Brandung und der schreien-

Juister Badevergnügen

den Möwen als aufdringlich empfunden, denn mit solchen „organischen" Geräuschkulissen ist die Menschheit groß geworden.

Krank machende Überspanntheit und Nervosität lassen sich in diesem Umfeld winddurchwehter und unangegurteter Freiheit wie von selbst abbauen – hier ist man Mensch, hier darf man's sein. Juist hat eine Menge von dieser Medizin.

In diesem Sinne: Schöne Tage auf der Insel Juist wünscht Ihnen Ihr

Roland Hanewald

001ju hb

Inhalt

Karten

Preiskategorien der Unterkünfte

Die Preiskategorien bei den Unterkünften sind folgendermaßen symbolisiert:

Symbol	Preis
①	bis 30 €
②	30–50 €
③	50–70 €
④	70–100 €
⑤	> 100 €

Preise pro Person im DZ während der Hauptsaison

Exkurse

Anreise | 10
Kur und Kurtaxe | 29
Unterkunft buchen | 22

006ju hb

1 Allgemeine Reisetipps

☐ So wird man auf Juist begrüßt

Anreise

Überfahrt mit der Fähre

Fährverbindungen

Nach Juists östlicher Nachbarinsel Norderney kann man, weil die Fahrrinne von den Gezeiten unabhängig ist, nach einem festen Fahrplan reisen.

Um nach Juist zu gelangen, folgt die Fähre problemlos diesem Fahrwasser bis kurz vor Norderney. Dann muss sie jedoch einen scharfen Haken nach links schlagen und in einem schmalen und seichten Priel durchs Wattenmeer weiterschippern. Das geht nur bei hohen Flutständen. Und weil diese sich täglich verschieben, wechseln auch die **Abfahrtszeiten** von Tag zu Tag. Auf Grund dieser Verhältnisse finden das ganze Jahr über in den jeweiligen Reiserichtungen nur ein bis zwei Abfahrten pro Tag statt, auf die man seine Ankunft am Kai einstellen muss.

Einen **Fahrplan** gibt es aber trotzdem, weil sich die Zeiten sorgfältig vorausberechnen lassen. Er ist entsprechend voluminös und lässt sich bei der Bahn einsehen oder telefonisch erfragen (01805-996633). Außerdem ist er dem Juister Gastgeberverzeichnis (s.u.) beigeheftet und im Internet, der Fährlinie (www.reederei-frisia.de) und der Insel (www.juist.de) vertreten.

Die **Gezeitenabhängigkeit** ist gewollt. Sowohl theoretisch als auch praktisch könnte eine tiefere Fahrrinne durchaus gebaggert werden. Juist will mit der ständig wechselnden Anfahrtszeit eine Eigenheit behalten, die sich von den starren Fahrplänen anderer Inseln in liebenswerter Weise unterscheidet. Das ist gelungen, und dabei sollte es auch bleiben. Juist-Reisende müssen diese Besonderheit in ihre Planungen einbeziehen.

Tickets

Tickets gibt es im **Abfertigungsgebäude** am Ende der Norddeicher Mole. Wer auf den letzten Drücker ankommt, kann sein Kärtchen auch an Bord der Fähre kaufen.

■ **Reederei Norden-Frisia,** in Norden: Tel. 04931-9870, -987134, -125, Fax 987131, in Juist: Tel. 04935-91010, Fax 910134, www.reederei-frisia.de

Gepäck

Aus Gründen der Schiffssicherheit werden Passagiere gebeten, ihr Großgepäck in vor der Fähre bereit stehende **Container** zu stellen. Man merke sich die Nummer, um seine Kiste bei Ankunft gleich wiederzufinden. Dieser Service ist kostenlos.

400ju ff

Eine **Freihauszustellung** auf Juist ist auch möglich und wird, falls online vorbestellt, am Fahrkartenschalter der Reederei arrangiert. Kostenpunkt: 15 € pro Gepäckstück, zur Unterkunft und bei Abreise zurück aufs Schiff. Gepäck kann auch per Bahn vorausgeschickt werden (17,50 € pro Gepäckstück zuzüglich 8 € Inselaufschlag).

Wenn die Fähre nicht fährt

Wenn anhaltende Ostwinde im Wattenmeer zu **sehr niedrigen Wasserständen** führen, läuft nicht mehr viel. Diese Situation kann primär im Winter eintreten, und vor allem Gäste, die auf der Insel gern Silvester feiern, sind dann mitunter betroffen. Bei wenig Wasser gewinnt der bereits erwähnte Begriff „Töwerland" an ganz besonderer Bedeutung. Auf Plattdeutsch heißt „töwen" nämlich auch „warten", und das ist dann angesagt.

Aber nicht unbedingt lange. Juist ist ja auch per **Flugzeug** erreichbar, auf das bei besagtem Szenario gegebenenfalls umgestiegen werden muss. Im Notfall stellt die rührige Reederei Norden-

Ostfriesische Inseln

0
10 km
©Reise Know-How 2015
Amrum
St. Peter Ording
Helgoland
Büsum
Scharhörn
Neuwerk
E L N
Cuxhaven
Wedel/ Hamburg
Spiekeroog
Wangerooge
73
Harlesiel
27
E234
Neu-harlingersiel
Carolinensiel
Horumersiel
Hooksiel
Bad Bederkesa
461
Wittmund
Jever
Weser
Bremer-haven
Schortens
Sande
Wilhelmshaven
Nordenham
436
Jadebusen
212
Zetel
71
437
Wiesmoor
437
Varel
Rodenkirchen
437
Beverstedt
Bockhorn
29
75
Westerstede
211
Hambergen
Apen
28
27
74
E234
Weser
E22
Oldenburg
212
Bremen

Fährpreise

Erwachsene (6 Monate gültig)	32 €
Erwachsene (1 Tag gültig, plus Tageskurtaxe)	21,25 €
Hund	9,50 €
Fahrrad, kleiner Handwagen, Fahrradanhänger	13 €
Windsurfausrüstung, großer Handwagen	24,50 €

Alle Preise gelten für Hin- und Rückfahrt in der Hauptsaison.

Kinder unter 13 Jahren bezahlen ungefähr den halben Preis; Kinder unter 6 Jahren fahren gratis.

Frisia auch zusätzliche Flugzeuge bereit und hält die Verbindung unter allen Umständen aufrecht. Wenn (wie vor ein paar Jahren im Januar) viertausend Inselgäste per Flieger befördert werden müssen, kommt es allerdings zu einem ergötzlichen Tohuwabohu – das ist dann ein „Erlebnis" ganz eigener Art.

Ganz dicke wird es, im Wortsinn sogar, falls sich zu allem Überfluss noch Nebel einstellt. Der Juister Flugplatz kann nämlich nur nach VFR (Sichtflug) angesteuert werden, und bei dicker Luft ist's auch damit aus. Selbst der dickste Nebel hält zwar nicht ewig an. Im Winter sollte man jedoch eine kleine Zeitreserve einbauen, um den Chef nicht durch massives Zuspätkommen vor den Kopf zu stoßen ...

Die **Differenz zum Fährpreis** („Verbundticket", s.u.) trägt der Passagier, denn die clevere Reederei hat ihren Fahrplan mit dem Zusatz „vorbehaltlich Wind und Wetter" versehen. Der Preisunterschied ist jedoch alles andere als gravierend und wird den Fahrgast nicht in den Ruin treiben.

An Bord

Die **Fahrzeit** beträgt etwa 1¼ Stunden. „Wie in einem Liebesspiel nähert und entfernt sich das Schiff von der Insel", steht im Juist-Katalog. (Mal darauf achten, vielleicht merkt man etwas davon.) Eine ganz heiße Sache also.

Die Frisia-Fähren sind **rauchfrei.** („Nur der Schornstein darf qualmen.") Daran sollte man sich schon allein aus Rücksicht auf die mitreisenden Nichtraucher auch halten. Übrigens sind durch die Gegend geschnickte Kippen an Bord hochgefährliche potentielle Feuerauslöser.

Vor **Seekrankheit** muss man keine Angst haben. Allenfalls legt sich das Schiff in der offenen Passage zwischen Norderney

☑ Ankunft auf Juist

401ju ff

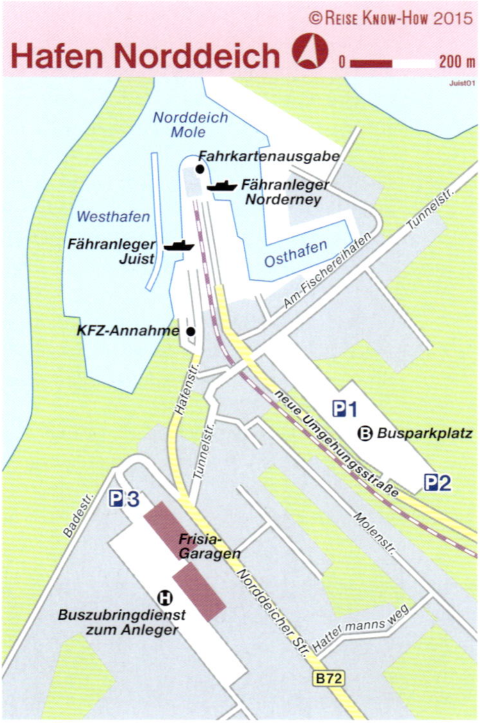

und Juist mal ein wenig über, weil etwas Dünung hineinrollt. Doch das dauert höchstens in paar Minuten – nicht mal genug, als dass einem mulmig werden könnte. Danach ist die Fähre bereits wieder im Lee von Juist und rührt sich nicht mehr – außer vorwärts, wie wir hoffen wollen.

Auch ohne fühlbaren Seegang kann der **Wind** kräftig wehen. Fahrgäste sollten deshalb auf den Deckstühlen keine Papiere oder Kleidungsstücke herumliegen lassen, die im Nu vom Wind in die Nordsee entführt werden können. Der Seewind trägt schwerere Gegenstände fort, als man sich vorstellen mag.

Ankunft

Bei Ankunft stehen (von Anfang der Oster- bis Beginn der Herbstferien) **Pferdebusse** bereit und bringen die Passagiere ins Dorf (Erw. 6 €, Kinder die Hälfte).

Viele Gastgeber verfügen auch über **Wüppen** (zweirädrige Karren), mit denen das Gepäck befördert werden kann.

Anreise mit der Bahn

Eine der ganz großen Annehmlichkeiten einer Juist-Reise ist, dass man **mit der Bahn bis zur Fähre** vorfahren kann – ganz bestimmt eine Anregung, auf das Auto zu verzichten. Die Endstation der Züge heißt „Norddeich-Mole". Man steigt aus dem Zug und ist nach ein paar Schritten am Fährkai – höchst komfortabel!

Ende der Bahnreise ist aber erst am **Bahnhof Norddeich-Mole** – wenn zu beiden Seiten des Zuges Wasser gluckert. Einen knappen Kilometer vor der Mole gibt es nämlich noch den Bahnhof Norddeich. Dort hält der Zug manchmal eine Zeitlang, um einen auslaufenden Kollegen passieren zu lassen. Manche Fahrgäste, sich am Endziel wähnend, steigen dann schon voller Panik aus und werden vom Schaffner wieder an Bord geschickt. Man spare sich die Umstände. Die Fähre wartet in der Regel ohnehin auf einen (moderat) verspäteten Zug.

Rechts **auf der Mole** (mit Blick zur See) geht's nach Norderney, links nach Juist; da kann man nichts falsch machen.

Ungefähre **Reisezeiten** mit der Bahn nach Norddeich-Mole von:

- **München:** 8 Std. 45 Min.
- **Stuttgart:** 7 Std. 50 Min.
- **Frankfurt:** 6 Std. 20 Min.
- **Düsseldorf:** 3 Std. 50 Min.
- **Hannover:** 3 Std. 50 Min.

Auf Juist erhält man Fahrkarten, Reservierungen und Info für die Bahn im Hafenbüro der Reederei Norden-Frisia (siehe „Insel-Info A–Z, Adressen").

Anreise mit dem Auto

Endpunkt der Reise mit dem Automobil ist Norddeich. Dort muss die Karre abgestellt werden, denn **Juist ist autofrei,** und Ausnahmen werden nicht gemacht.

Parken in Norddeich

Es gibt einen Parkplatz **auf der Mole;** er dient aber nur zum Ein- und Ausladen des Gepäcks. Wer sein Gefährt dort einen Inselaufenthalt lang abstellt, kassiert die ganze Zeit kräftig Knöllchen – das summiert sich! Außerdem besteht die Möglichkeit, dass ei-

Insel ohne Autos

Juist exerziert im Verein mit vier weiteren Ostfrieseninseln vor, wie man auch ohne Auto leben kann, von dem es allein zwischen Watt und Watzmann fast 50 Millionen gibt.

Pferdewagen bewältigen verlässlich und (fast) emissionsfrei die gleichen Aufgaben wie Kraftfahrzeuge, und der Kurgast, der sich durch diese urigen Gefährte belästigt fühlt, muss erst noch gefunden werden. Auch reichen die Pferdeäpfel, wie die automotive Werbung vor ein paar Jahren zu bedenken gab, keineswegs „bis in die zweite Etage" der Häuser hinauf. Der apfelige Auswurf wird nämlich von den Anliegern laut kommunaler Übereinstimmung immer gleich entfernt und in Gärten einem nützlichen Zweck zugeführt. Die Staubildung hält sich ebenfalls in vernünftigen Grenzen, und Parkplatznot gibt's auch nicht.

Viele Menschen haben überdies erkannt, dass sich erstaunliche Lasten per Wüppe (zweirädriger Karren) mit eigener Muskelkraft befördern lassen. Statt im Heimtrainer zu hecheln, spannen sich vernunftbegabte Inselbesucher vor solch ein Vehikel und schlagen dieserart zwei Fliegen mit einer Klappe: Frachttransport und körperliche Ertüchtigung im Freien zur gleichen Zeit. Die Gäste, die es selbst nicht mehr schaffen, realisieren, dass neue Jobs dadurch entstehen, wenn man die Beförderung solcher Frachten anderen überantwortet. Das ist kein Kulidasein, das dieserart ins Leben gerufen wird. Es handelt sich um einen Arbeitsplatz wie jeder andere, der zudem ganz stattliche Verdienste abwirft: Mindestens einer der Juister Kofferträgerprofis hat sich von seinen Einkünften ein bombiges Haus in die Dünen gestellt!

004ju hb

Alltägliche Erledigungen und insulare Exkursionen lassen sich ohne Not mit dem Fahrrad bewältigen, das sich preisgünstig mieten lässt und deshalb gar nicht erst umständlich mitgeführt werden muss.

Einfacher noch kann man die insgesamt 17 insularen Kilometer unter die Füße nehmen und wird beglückt feststellen, wie leicht man die Entfernungen in einer anregenden Umgebung und sauberen Atmosphäre bewältigt.

Und mancher Kurgast mag sich nachdenklich fragen, weshalb das alles auf einer Insel funktioniert und anderswo nicht. Ja, warum eigentlich? Vielleicht sollte man sich über vernünftige Alternativen mal „einen Kopf machen".

Geschniegelt auf Inseltour

Parkgebühren (pro Tag)

	Parkplatz draußen	Überdachter Parkplatz oder Halle	Einzelbox oder Garage
Frisia Großgaragen	4,50 €**	4,50 €**	5,50 €**
Brust	4 €*	5 €*	
Kannegiesser	4 €*	5 €*	

*) plus Zubringerkosten (Hafen 5 €, Flugplatz 7 €)
**) plus Zubringerkosten (Flugplatz 5 €)
falls anwendbar

nem das Mobil bei der Rückkehr von der Insel entgegengeschaukelt kommt, denn der Anleger ist nicht sturmflutsicher.

Es empfiehlt sich also, das gute Stück in einer der unten genannten **Abstellanlagen** unterzubringen. Die Frisia befördert die autolosen Passagiere per Zubringerbus zum Kai (1 €).

- **Frisia Großgaragen:** Tel. 04931-9871166
- **Brust:** Tel. 0152-23404663
- **Kannegiesser:** Tel. 04931-9567088

Anreise mit dem Flugzeug

Von Norddeich

Die Frisia-Luftverkehr fliegt vom Flugplatz Norddeich nach Juist, und zwar vier- bis fünfmal täglich im Winter und bis zu zehnmal **im Sommer.** In der Hauptsaison hebt also von morgens bis abends fast stündlich eine Maschine ab, und bei Engpässen werden sogar noch weitere eingesetzt.

Der Flugplatz Norddeich befindet sich etwa 4 km östlich von Norddeich. Parken dort: 4 €/Tag.

- **Buchungen und Info: Frisia-Luftverkehr,** Norddeich (Flugplatz): Tel. 04931-9332-0; Juist: Tel. 04935-91010

Eine navigatorische Großtat!

Von anderen Orten

Außerdem wird Juist im Sommer von folgenden weiteren Gesellschaften angeflogen:

- **Von Harlesiel:** LFH, Tel. 04464-94810
- **Von Emden:** OLT Emden, Tel. 04921-89920.
- **Von Hamburg:** Air Hamburg, Tel. 040-70708890.

Ankunft auf Juist

Am Flugplatz Juist steht bei Ankunft von Linienflügen eine **Pferdekutsche** bereit, um die Passagiere die 4 km ins Dorf zu transportieren. Das dauert ca. 45 Minuten und kostet 10 € für Erwachsene und 5 € für Kinder. Zum Ortsteil Loog sind es weitere 20 Minuten. Das schlägt dann mit 12 € bzw. 6 € zu Buche.

Man kann sich auch eine **Sonderkutsche** bestellen: Heyken, Tel. 04935-664, oder Kannegieter, Tel. 498. Das kostet natürlich ein bisschen mehr (siehe „Insel-Info A–Z, Führungen und Rundfahrten").

Als Rucksacktourist kann man auch über die Flugplatzstraße oder am Strand **zum Ort wandern** und wird dabei nicht ins Schwitzen geraten.

003ju hb

Flugpreise

	Erwachsene	Kinder (bis 11 Jahre)
Einfacher Flug	41 €	20,50 €
Hin- und Rückflug	74 €	37 €
Verbundticket Schiff und Flugzeug	51,50 €	20,50 € (5 Tage gültig)

Anreise mit dem eigenen Boot

Im Juister **Hafenbecken** ist eine Menge Platz. Das Bootsbecken direkt östlich davon nimmt sich dagegen recht bescheiden aus, zumal nur kleine Yachten in diesen Schlauch passen: Der minimale Tiefgang beträgt gerade mal 30 cm. Egal – im Sommer ist das Häfchen ohnehin ständig belegt. Alternativ kann man dann (im Päckchen) an der westlichen Kade festmachen. Der Hafenmeister kommt persönlich zum Kassieren.

Das **Klubhaus** liegt unmittelbar am Bootsbassin. Dort gibt es auch WCs und Duschen.

Achtung: **Keine Ansteuerung bei Nacht!** Das Wattfahrwasser ist nicht befeuert. Manche Havaristen sind sogar schon mitten auf den Leitdamm gestrandet.

- Auskünfte: **Segelklub Juist,** Tel. 04935-688.

Unterkunft buchen

Gastgeberverzeichnis

So nennt sich die (recht voluminöse) Liste, in der alle Unterkünfte auf der Insel Juist verzeichnet sind. Man kann sie **anfordern** über die Telefonnummer 04935-809106 (Fax 809115) oder unter info@juist.de und erhält sie dann auch recht fix und verlässlich. Eine weitere Möglichkeit bietet www.juist.de, wo unter Zauberinsel/Unterkünfte mithilfe eines Suchfilters im Gastgeberverzeichnis nach den passenden Übernachtungsmöglichkeiten gestöbert werden kann.

Eine **Zahlkarte** über 2,50 € liegt bei physischer Bestellung bei. Zwar besteht keine Verpflichtung zur Zahlung. Aber es ist ja ein Dienst geleistet worden, und für den sollte man auch aufkommen, zumal das Druckwerk im Bereich der Nordsee das am sorgfältigsten gestaltete von allen sein dürfte (besonders die Preisangaben) und deshalb hohes Lob verdient.

Auswählen

Ein Großteil der **Herbergen** ist mit allen saisonalen Preisen im Katalog abgebildet; man kann sich also nach eigenem Geschmack etwas aussuchen. Die meisten Häuser sind von spitzgieblig-biederer norddeutscher Derbheit; roter Klinker herrscht aber vor und schafft eine gewisse Wärme.

Kinder sind in allen Kategorien generell willkommen. Für **Haustiere** erwärmen sich nicht alle Vermieter; auf entsprechende Vermerke in der Liste achten und gegebenenfalls noch mal nachfragen. Für **Raucher** hat man ebenfalls nicht überall offene Arme; man mache sich kundig. Nichtrauchern wird durch Exklusivität, zumindest aber mit speziellen qualmfreien Bereichen, vielerorts entgegengekommen.

Buchen

Hat man eine zusagende Bleibe gefunden, kann man die **Zimmervermittlung** anrufen (Tel. 04935-809222, Fax 809223, zv@juist.de) und über diese seinen Abschluss tätigen. Das kostet nichts extra, und diverse zusätzliche Auskünfte lassen sich dieserart einholen. Natürlich kann man auch direkt beim Vermieter anschellen, was bestimmt erwägenswert ist, wenn die Vermittler in der HS mal schwer erreichbar sind.

Außerdem gibt es folgende **weitere Möglichkeiten** zu einer Bleibe zu kommen (Vorwahl jeweils 04935):

- **Vermieter-Vereinigung:** Tel. 914000 (täglich 18–20 Uhr).
- **Faxabruf** (24 Std.): 914004/5.
- **Last Minute** (24 Std.): Tel. 911211 (Hotels/Pensionen); 911222 (Fewos).

Angaben im Buch

Die in diesem Buch aufgeführten **Preise** gelten für die Hauptsaison (HS, 1.5.–31.10.; nicht übereinstimmend mit der Kurtax-HS, s.u.) und jeweils für eine Person im Doppelzimmer (DZ), soweit keine anderen Angaben gemacht sind. Bei Ferienwohnungen ist von der Belegung der gesamten Einheit auszugehen; es gelten demnach andere Bedingungen.

Die im Buch genannten Beherbergungsbetriebe sind zumeist alphabetisch aufgelistet. Ihre **Reihenfolge** unterliegt keiner Wertung.

Preisniveau

Juist hat sich ein leicht abgehobenes Image zugelegt, mit dem man durchaus keinen Hader haben muss. Allerdings hat die regionale Mondänität einen gewissen Niederschlag im Preisniveau gefunden – die Insel ist **keine Billigdestination.** Und dabei soll es auch bleiben; den typischen „Billigtouristen" will man außen vor halten.

Dafür enthalten die Listen nichts heimtückisch klein Gedrucktes. Endlich, endlich hat man auch die schon die 1992 durch richterliche Anordnung aus der Welt geschaffte **Endreinigung bei Ferienwohnungen** aus den Verzeichnissen verbannt. Entweder nimmt sich der Vermieter dieser Aufgabe an oder der Gast macht sauber. Darüber sollte von Anfang an Übereinstimmung herrschen. Ein Kostenfaktor ist dieser Punkt jedenfalls nicht mehr.

Im Allgemeinen wird bei den Preisen von einer minimalen **Aufenthaltsdauer** von vier Tagen ausgegangen. Ein kürzerer Verbleib rechtfertigt einen Aufschlag, was ja auch nur recht und (nicht immer) billig ist. An- und Abreise gelten als ein Tag. Bei längerer Verweildauer begleicht man Rechnungen üblicherweise wöchentlich – aber daran wird einen die Frau Wirtin schon erinnern ...

Man mache sich auch über attraktive **Pauschalangebote** kundig, die vor allem in Verbindung mit Gesundheitsprogrammen über die Kurverwaltung präsentiert werden.

Preiskategorien der Unterkünfte

Die Preiskategorien bei den Unterkünften sind folgendermaßen symbolisiert:

Symbol	Preis
①	bis 30 €
②	30–50 €
③	50–70 €
④	70–100 €
⑤	> 100 €

Preise pro Person im DZ während der Hauptsaison

Gastaufnahmevertrag

Mittels dieser Übereinkunft wird das **Mietverhältnis geregelt.** Der Gastaufnahmevertrag wird zwischen Mieter und Vermieter geschlossen und bedarf keiner speziellen Form. Das Paragrafenwerk gilt fast ausschließlich einem **eventuellen Rücktritt.** Bei Unterzeichnung der Mietbedingungen wird vorausgesetzt, dass man den Gastaufnahmevertrag gelesen hat. Im Fall von Juist hat er folgenden Wortlaut:

▷ Bei Baumann's – vis-à-vis dem Kurorchester

Baumann's
Edle Getränke
SEE FEEL TASTE EAT DRINK ENJOY RELAX TALK

403ju ff

360ju rh

1) Der Gastaufnahmevertrag ist abgeschlossen, sobald ein Zimmer bzw. eine Wohnung mündlich oder schriftlich bestellt und zugesagt oder, falls eine Zusage aus Zeitgründen nicht möglich war, bereitgestellt worden ist.

2) Der Abschluss des Gastaufnahmevertrages verpflichtet die Vertragsparteien zur Erfüllung des Vertrages, gleichgültig, auf welche Dauer der Vertrag abgeschlossen ist.

3) Der Vermieter verpflichtet sich, bei Nichtbereitstellung der Unterkunft dem Gast Schadensersatz zu leisten.

4) Der Gast ist verpflichtet, bei Nichtinanspruchnahme der vertraglichen Leistungen den vereinbarten oder den betriebsüblichen Preis zu zahlen, abzüglich der vom Vermieter ersparten Aufwändungen (Einsparungen). Diese Einsparungen betragen: 10 % des Preises bei Ferienwohungen; 20 % des Preises bei Übernachtung mit Frühstück; 30 % des Preises bei Übernachtung mit

Raum ist in der kleinsten Hütte

Halbpension; 40 % des Preises bei Übernachtung mit Vollpension. Der Nachweis eines niedrigeren Schadens im Einzelfall bleibt dem Mieter, der Nachweis eines höheren Schadens im Einzelfall bleibt dem Vermieter vorbehalten.

5) Änderungen bzw. Stornierungen sind unverzüglich telefonisch wie schriftlich mitzuteilen.

6) a) Der Vermieter ist nach Treu und Glauben gehalten, nicht in Anspruch genommene Quartiere nach Möglichkeit anderweitig zu vergeben, um Ausfälle so gering wie möglich zu halten.

b) Bis zur anderweitigen Vergabe der Unterkunft hat der Gast für die Dauer des Vertrages den nach Ziffer 4 errechneten Betrag zu bezahlen.

7) Die angegebenen Preise verstehen sich inkl. Mehrwertsteuer und gelten, solange keine Änderungen der wirtschaftlichen Verhältnisse auch in Bezug auf die Mehrwertsteuer eintreten. Es besteht das Recht des Vermieters auf entsprechende Preisänderungen.

8) Die Unterkunft steht am Anreisetag ab 15 Uhr zur Verfügung und ist am Abreisetag bis spätestens 10 Uhr zu verlassen.

9) Bei einer Aufenthaltsdauer unter vier Tagen ist der Vermieter berechtigt, einen Aufpreis pro Person zu verlangen.

10) Der Reisende ist verpflichtet, bei aufgetretenen Leistungsstörungen im Rahmen der gesetzlichen Bestimmungen mitzuwirken, evtl. Schäden zu vermeiden oder gering zu halten. Er ist insbesondere zur Mängelrüge gegenüber dem Vermieter verpflichtet. Wird nicht direkt oder z.B. durch Wandel abgeholfen, so ist der Vermieter oder eine vom Vermieter genannte Person zu verständigen. Erfolgt eine Mängelanzeige erst im Nachhinein, ist der Vertragspartner nicht in der Lage, noch etwas zu tun. Ansprüche auf Minderung oder Schadensersatz sind daher ausgeschlossen, so weit eine Mängelrüge nicht von vornherein aussichtslos gewesen wäre, jedoch schuldhaft unterlassen wurde. Ebenso setzt eine Kündigung des Vertrages durch den Reisenden im Fall einer erheblichen Beeinträchtigung der Reise nach §651aBGB voraus, dass dem Vermieter eine angemessene Frist zur Abhilfe eingeräumt wurde, wenn nicht die Abhilfe unmöglich ist oder vom Vermieter verweigert wird oder wenn die sofortige Kündigung des Vertrages durch ein besonderes Interesse des Reisenden gerechtfertigt ist.

11) Vertragsauflösungen können nur im gegenseitigen Einvernehmen der Partner erfolgen. Im Übrigen gelten für das Vertragsverhältnis und auch für die Haftung des Vermieters für eingebrachte Sachen die Bestimmungen des BGB. Wir empfehlen den Abschluss einer Reise-Rücktrittsversicherung.

Weite Blicke und Strandkörbe

Kur und Kurtaxe

Kursystem

Die Kur bleibt

Die singulär **deutsche Einrichtung Kur** ist auch im dritten nachchristlichen Jahrtausend erhalten geblieben. Denn viele Nutznießer verdienen, von der Allgemeinheit getragen, zu gut daran, als dass man die Kur auf Grund häufig geäußerter Zweifel über ihre Wirksamkeit abschaffen würde. (Schon Goethe bedachte das Kursystem mit einigen kritischen Kommentaren.)

404ju ff

Nicht den geringsten Zweifel gibt es daran, dass ein insularer Aufenthalt dem Kurgast gut tut und seine Gesundheit fördert. Allein das Heilpotenzial einer unverschmutzten Umwelt und unmanipulierten Natur kann gar nicht hoch genug eingestuft werden. Nur: Wer bezahlt es, wenn man's nicht selber kann oder will?

Der Weg zur Kur

Der erste Weg führt immer zum Arzt. Er stellt dem Patienten bei Bedarf eine **Kurempfehlung** aus, die an die Krankenkasse bzw. Privatversicherung weiterzureichen ist.

Bei Bewilligung und Anreise auf die Insel wende man sich an einen der dortigen **Kurärzte** (siehe„Insel-Info A–Z, Ärzte“). Mit Rezepten und dem Kostenübernahmeschein der Krankenkasse geht es dann im Kurmittelhaus oder bei einem privaten Anbieter weiter.

Eine Kur dauert mindestens 21 Tage. Die bei einem kürzeren Aufenthalt eventuell notwendigen alternativen Maßnahmen sollte man zuvor mit dem Hausarzt absprechen.

Für **Heilbehandlungen** ist stets eine ärztliche Verordnung erforderlich. Alle anderen **Anwendungen** können ohne Rezept gebucht werden, und private Zahlungen dafür sind freundlicherweise auch zugelassen. Sie reichen von 7 € für eine Meerwasserinhalation bis zu 32 € für eine 40-minütige Ganzkörpermassage. In Nordseeschlick kann man sich für 18,50 € einpacken lassen – im Watt ist diese „Anwendung“ allerdings gratis. Und wer eine Kur genießt, muss natürlich auch Kurtaxe zahlen ...

Kurtaxe

Ärger mit den Gästen

Juist, wie noch nachzulesen sein wird, wurde relativ spät Seebad, und zu **Beginn des Badebetriebes** war alles noch recht primitiv. Auf die Kurtaxe, die im benachbarten Borkum und Norderney schon eine fröhlich sprudelnde Geldquelle abgab, wollte man dennoch nicht verzichten. So kam es, dass es von Anfang an großen Ärger mit den Badegästen gab, denen der Sinn dieser Einrichtung, für die im Gegenzug so gut wie nichts geboten wurde, nicht einleuchten wollte. Die Inselbesucher fügten sich letztlich zähneknirschend. (Siehe auch Exkurs „Krach um die Kurtaxe“.)

Und geknirscht wird noch heute. Ein Ehepaar muss im Sommer 7 € pro Tag löhnen – das schlägt in zwei Wochen immerhin mit 98 € zu Buche. Für was, fragt sich. Aber die Antwort wird bereitwillig erteilt.

Juister Kurtaxe (pro Tag)

Saison (s.u.)	1)	2)
Kinder unter 14 Jahren	frei	frei
Erwachsene	3,50 €	2,20 €
Tageskarte	1,75 €	0,85 €

Saisoneinteilung

- **1)** 1.5.–31.10.
- **2)** 1.1.–30.4., 1.11.–31.12.

Jahreskarte

- Kinder unter 14 Jahren: frei
- Erwachsene: 105 €

Bereits Inselgästen, die sich anno 1883 nur ein wenig die Füße auf dem deutschen Boden des Juister Meeresstrandes vertreten wollten, wurde – wie erwähnt – der Klingelbeutel vorgehalten. Damals konnte von „Kureinrichtungen" noch keine Rede sein; der **Gast zahlte allein für seine Anwesenheit** und ärgerte sich entsprechend darüber.

Das ist heute im Prinzip nicht anders. Obwohl alle mögliche Infrastruktur von der Strandreinigung über die Häuser des Gastes bis zu Rettungsschwimmern und Konzertmusikanten für die Notwendigkeit der lokalen Zwangssteuererhebung heranbemüht wird, sind Inselbesucher, die mit diesen Einrichtungen nicht das Geringste am Hut haben, von der Zahlung der Kurtaxe durchaus nicht befreit.

Und diejenigen, die sie – bis hin zur Verfassungsklage – gerichtlich zu Fall bringen wollten, wurden eines Besseren belehrt. Die deutsche Kurtaxe ist **gesetzlich fest einzementiert,** und sie wird es wohl auch bleiben, bis sich vielleicht zu einem gar nicht so fernen Zeitpunkt die Erkenntnis verfestigt, dass sie mit den Richtlinien der Europäischen Union nicht vereinbar ist. Dann muss halt eine neue Begriffsbestimmung erfunden werden. Am Prinzip wird sich nicht viel ändern.

TöwerCard

Um zu vermeiden, dass sich manche Gäste (nach Schätzungen immerhin ein Drittel) schnöde vor der Zahlung der Kurtaxe drücken, hat Juist nach dem Muster von Norderney und Langeoog eine „TöwerCard" genannte **Chipkarte** eingeführt.

Selbige, erfährt man, ist nicht etwa nur ein gemeines Stück Plastik, sondern eine „Urlaubs-Erlebnis-Service-Karte", die zudem, mancher Reisende wird jetzt bestimmt befreit aufatmen, die Anonymität ihres Halters garantiert – umständliches Ausfüllen von Formularen fällt damit flach.

Man erhält das Kärtchen, das bis zu 80-mal wieder verwendbar ist, bei der Fahrkartenausgabe in Norddeich oder auch auf dem dortigen Flugplatz; die jeweiligen Passagepreise sind darin enthalten. Bahnreisende, die bis Juist durchgebucht haben, lassen sich eine Karte mit entsprechendem Status aushändigen. Auf Wunsch schickt die Kurverwaltung die TöwerCard auch per Post zu, wenn sie mindestens 10 Tage vor Reisebeginn auf www.juist.de vorbestellt wurde; sie wird dann bei Ankunft aktiviert. Ein Antragsformular liegt der Gastgeberliste bei.

Bei **Tagesgästen** ist die Kurtaxe, denn um die geht es letzten Endes ja, bereits in die Plastikkarte eingegossen und im Fährpreis enthalten.

Alle anderen müssen die Kurtaxe an **Servicestellen** oder bei ihrem Vermieter begleichen. (Von dem DB-Wort „Servicepoints" ist man dankenswerterweise wieder abgekommen.) Ser-

403ju ff

vicestellen befinden sich im Rathaus, im Hafengebäude, im Küstenmuseum Loog und im Erlebnisbad.

Sie spucken bei Bezahlung **Quittungen** aus, die man gut aufbewahren sollte. Denn auf ihnen steht die Kartennummer, die bei Verlust der Plastikkarte angegeben werden muss, um das Kärtchen sperren zu lassen. Gehen die Quittungen ebenfalls verloren, wird ein Jahresbeitrag fällig: 105 €.

Allerdings sind **diverse „zauberhafte Angebote“** in der Plastikkarte enthalten. So darf man nach deren Vorzeigen 1½ Stunden gratis ins Schwimmbad, am Geburtstag zum Nulltarif ins Küstenmuseum, sich einen Rucksack mit Fernglas für 5 € pro Tag und Vogelbestimmungsbuch im Nationalparkhaus leihen, kostenlos Meerwasser schlürfen und das Inselmagazin „De Strandlooper“ (wie auch sonst alle Welt) gratis beziehen.

Bei der **Abreise** wird am Anleger bzw. Flugplatz elektronisch geprüft, ob die Erlebnis-Taxe auch voll bezahlt ist. Sollte dies nicht der Fall sein, wird an Ort und Stelle nachenthoben. Es empfiehlt sich, für diesen Fall der Fälle noch etwas Geld in der Tasche zu haben. Sonst muss man bis zum jüngsten Tag auf der Insel bleiben ...

Nordsee-Badevergnügen

80

408ju ff

2 Sehenswertes

Juist weist nur wenige sehenswerte Höhepunkte im Sinne des klassischen touristischen „Sightseeing" auf. Es ist auch gar nicht erforderlich, ein paar spezifische Rosinen aus dem großen Inselkuchen herauszubohren, um sich nur an diesen zu ergötzen. Als viel ratsamer erscheint es, den Kuchen als Ganzes zu verzehren und die bewussten Rosinen gleichzeitig zu genießen. Dennoch wird es sicherlich interessieren, wo man sie finden kann.

‹ Bester Blick aus dem Strandkorb

Kurhaus/ Strandhotel Kurhaus

- Adresse siehe unter „Insel-Infos A–Z, Unterkunft/Hotels, Mehrsterner“

Als die „Juister Baugesellschaft“ anno 1898 den Bau des Kurhauses abschloss, hatte sie präzise 532.978 Mark für das Unternehmen verbraten. In der Folgezeit wurde das „Weiße Schloss am Meer“ trotz der damals noch recht mühsamen Anfahrt von vielen illustren **Persönlichkeiten der deutschen Gesellschaft** besucht, und auch ausländischer Geld- und anderer Adel fand Gefallen daran, in dem luxuriösen Bau gesehen zu werden. Natürlich reiste man, penibel verbucht, stets mit Gefolge an, „mit Kinderfräulein“, „mit Bedienung“, „mit Mätresse“ – nun, das gerade nicht in aller Offenheit. Aber auf genaue Titelangabe legten gerade die Damen großen Wert: So finden sich in den alten Gästebüchern unter anderem eine „königliche Oberförstersgattin“, „Universitätsprofessorsgattin“, „Majorswitwe“ sowie eine „Frau Kapitän Wilhelm Rösig“.

Das Juister Kurhaus

Das alles weiß man, weil bei Neubauarbeiten in den 90er Jahren des 20. Jahrhunderts im Keller des seit 1936 nicht mehr in Betrieb befindlichen und deshalb verfallenen Gemäuers die noch gut erhaltenen **Gästebücher** aus der damaligen Epoche gefunden wurden. Die alten Zeitzeugnisse sind heute in dem 1997 eingeweihten neuen Kurhaus ausgestellt, wo sie besichtigt werden können.

Es hatte seine Mühe mit dem **Neubau.** Zunächst hatte der „Burgenkönig" *Herbert Hillebrand* die Fast-Ruine für geschätzte 12 Millionen Mark ersteigert, doch dann fehlte das Geld für die Renovierung. Sogar eine Verbindung zum Fußballklub Schalke 04 gab es zeitweise, doch die verlief buchstäblich im Sande. Erst in jüngster Vergangenheit fand sich ein Investor.

Der Neubau kostete dieses Mal etwas mehr als 1898, nämlich runde 40 Millionen Mark. Mit fast der Hälfte dieser Summe stießen sich die beteiligten Logistikunternehmen mehr als gesund; allein 30.000 Touren mit Pferdefuhrwerken waren hierfür erforderlich.

Dafür fügen sich die klassisch-schlichten Linien des **Gebäudes** aber auch bestens in die insulare Landschaft ein. Das sagen die einen. Andere sehen den Bau als weißen Elefanten an, viel zu üppig für die rustikale Insel. Auch wurde zur Zeit der Eröffnung der Einzug von „Geldadel" und eine nachhaltige Veränderung („Versyltung") des kleinstädtischen Ambientes befürchtet – ein Menetekel, das sich gottlob nicht bewahrheitet hat.

405ju ff

034ju rh

Küstenmuseum

■ **Adresse:** Loogster Pad 29, Tel. 1488, www.kuestenmuseum-juist.de.
■ **Öffnungszeiten:** in der Saison Di–Fr 9.30–13 und 14.30–17, Sa 9.30–13, So 14.30–17 Uhr; außerhalb der Saison (November–März) nur Di und Sa 14–17 Uhr.
■ **Eintritt:** Erw. 2,50 €, Kinder und Jugendliche 1,50 €, Jugendgruppen 1 € pro Person, Familienkarte 6 €.

Das Gebäude sieht **von außen** recht anspruchslos aus. Der Stockanker eines alten Seglers steht im Vorhof, eine englische Kanone aus dem 18. Jahrhundert dräut, und zwei Bojen verleihen dem Bild etwas mehr Farbe.

Drinnen gibt es, geschickt angeordnet, jede Menge weiteres Maritimes zu bewundern. Man sollte schon mal einen Regentag ansetzen, um das alles in sich aufzunehmen, und wird bestimmt auf seine Kosten kommen. Immerhin ist die Einrichtung mit gut 25.000 jährlichen Besuchern nicht ohne Grund **eines der am stärksten frequentierten Museen Ostfrieslands!**

⌃ Die Glaskuppel des neuen Kurhauses

〉 Küstenmuseum Loog von außen

Rundgang

■ **Raum 1:** Küsten- und Inselgeschichte (Gestaltwandel der südlichen Nordsee in den vergangenen 25.000 Jahren, Entstehung und Veränderung der Sandinseln, Morphologie der Insel Juist, Juister Inselgeschichten, Tiere und Pflanzen auf Juist).

■ **Raum 2:** Friesische Warfenkultur (Entstehung und Veränderung der Warfen, Grabungsfunde und Rekonstruktionen verschiedener damaliger Lebensbereiche).

■ **Raum 3:** Sturmfluten, Deichbau, Küstenschutz (Gezeiten und Wetter, Sturmfluten und ihre Folgen, Deichbau damals und heute, Inselschutz).

■ **Raum 4:** Friesenstube (Insulare Wohnkultur im 19. Jahrhundert).

■ **Raum 5:** Schifffahrt (Friesische Plattbodenschiffe, alte Navigationsgeräte, Schiffbau an der Küste).

■ **Raum 6:** Seezeichen (Landmarken, Seekarten und Segelanweisungen aus dem 16. Jh., Baken, Leuchtfeuer und -türme, Feuerschiffe, moderne Seezeichen).

■ **Raum 7:** Fischerei (Verschiedene Methoden der Wattfischerei).

■ **Raum 8:** Erdöl- und Erdgasgewinnung (Geologie des Inselbereichs, Entstehung, Auffindung und Gewinnung von Öl und Gas, Offshore-Technik, Öl- und Gastransport, Ölverschmutzung der Nordsee).

■ **Raum 9:** Vogelkundliches Diorama (Vögel der Insel Juist, Vogelwelt auf Aquarellen).

■ **Raum 10:** Seenot- und Rettungswesen (Strandungen und Strandgut, Deutsche Gesellschaft zur Rettung Schiffbrüchiger, Rettungswesen auf Juist).

■ **Raum 11:** Kunstgalerie mit ständig wechselnden Ausstellungen.

035ju rh

Memmertfeuer

Kaum hat man die Fähre verlassen, grüßt zur linken Hand dieser **Mini-Leuchtturm** und heißt den Juistbesucher willkommen. Früher stand er auf der Vogelinsel Memmert. 1992 wurde das Türmchen endgültig funktionslos, worauf man es nach Juist transferierte und auf die grüne Wiese stellte, wo es nachts weiterfunzeln darf.

Er ist heute der einzige Leuchtturm Deutschlands, dessen **Licht nicht auf das Meer gerichtet** ist (sondern auf das Dorf).

Man kann das Memmertfeuer (im Sommer ab 17 Uhr) **besteigen**, aber die paar Meter machen den Kohl nun wirklich nicht fett – zumal der Deich mit fast dem gleichen Panorama unmittelbar dahinter liegt.

Das alte Memmertfeuer

036ju hb

406ju ff

Nationalparkhaus

- **Adresse:** Carl-Stegmann-Str. 5 (alter Bahnhof), Tel. 1595.
- **Öffnungszeiten:** Von Mitte März bis Ende Oktober Di–Fr 9.30–12.30 und 15–18 Uhr, Sa, So und Fei nur 15–18 Uhr. Mo ist Ruhetag. Außerhalb der Saison nur Mi 15–18 Uhr.
- **Eintritt:** Der Eintritt ist frei (eine Spende freut); manche Fremdprogramme erfordern jedoch einen Beitrag.

Die Juister „Informationseinrichtung des Nationalparks Niedersächsisches Wattenmeer" befindet sich im **„Alten Bahnhof"**, gleich vorn am Deich, wo, nachstehend noch beschrieben, früher die alte Bimmelbahn ihren Terminal hatte.

Träger der Einrichtung ist der Bund für Umwelt und Naturschutz Deutschland (BUND), Landesverband Niedersachsen.

Zu betrachten gibt es Diverses zum Thema der insularen Natur, darunter auch Seewasseraquarien. Außerdem sind ständig Filmvorführungen, Diavorträge und spezielle Ausstellungen im **Programm.** Besonders interessant: Mikroskopieren von Wattlebewesen, Führungen durch das Haus und über die Insel, Kinderspielnachmittage.

Seebrücke

Am äußersten Ende des neuen Anlegers steht **Juists aktuelles Wahrzeichen,** ein Turm in der Form eines Segels. Die Ähnlichkeit mit Dubais „Burj Al Arab" ist augenfällig, aber das Türmchen, von dessen Spitze man eine schöne Aussicht genießen kann, ist nur 18 m hoch.

[<] Juists aktuelles Wahrzeichen – die Seebrücke

Rattenschwänze reisen um die Welt

Dieser Artikel erschien am 20.8.1940 in der „Münchener Zeitung", recht romantisch aufgemacht und nicht in jeder Beziehung realitätsnah. Obwohl die Praxis mit den Rattenschwänzen durchaus früherem Usus entspricht, hat man dem bayerischen Reporter mit der Expressreise der Flasche von Madagaskar nach Juist wohl einen dicken Bären aufgebunden. Außerdem hat man sich im Datum offenbar um 100 Jahre versehen. Was auch immer: Ein Großabdruck der Story und die dazu gehörige Buddel mit den Rattenschwänzen sind im Küstenmuseum Loog ausgestellt und finden unter den dortigen Exponaten primäre Bewunderung.

„Jahr für Jahr, wenn Orkane, Taifune und die schweren Nordweststürme über die sieben Meere der Welt stürzen, fordert das Meer auch außerhalb kriegerischer Aktionen seine Opfer. Die letzten Zeugen von vielen Schiffen aller Nationen sind das Strandgut. Schiffsbalken, Ladungsteile, Habseligkeiten der Seemänner aus den Kombüsen sind es, die vom Meer wieder emporgewirbelt, auf die Reise gehen. Oft reitet dann eine Kiste, die für Tasmanien bestimmt war, eine Streichholzschachtel aus der Offiziersmesse jahrelang auf den Wogen der Ozeane umher; die Meeresströmungen, deren Rätsel immer noch nicht ganz von der Forschung gelöst sind, peitschen die Wrackstücke nach langen Irrfahrten in andere Meere, tragen etwa das im Golf von Mexiko abgetriebene runde Gummistück einer versunkenen Ladung ums Kap oder durch den Suezkanal. So schwimmt es mit dem Golfstrom oder anderen Strömungen um die Erde. Auf der Insel Juist hat man diese an den Strand gerollten Wrackstücke gesammelt und in einem Museum vereinigt. Es ist ein wunderliches Zeug, was da nach den Stürmen zusammenkommt.

Was ist da nur für ein Glas mit dem merkwürdig aussehenden Inhalt? Der Fischer, der das Glas am Strande fand, weiß Bescheid. Rattenschwänze sind es, ungefähr 50 Stück. ‚Macht man Rattenschwänze denn ein und konserviert sie?' fragt man mit einem binnenländischen Schauer. Nein; sondern weil mit den Rattenschwänzen Geld zu verdienen war, fingen die Matrosen der ‚Bouckle' Ratten, hackten ihnen die Schwänze ab und taten diese in ein Glas. Denn der Kapitän, der Prämien für die Vernichtung der Ratten an Bord zahlte, wollte auch Beweise für die vernichteten Ratten haben. Und das seien die Schwänze. Im Wintersturm 1939 sank die ‚Bouckle' mit allen noch an Bord befindlichen Ratten bei Madagaskar, das Glas mit den Rattenschwänzen aber ging auf die Reise und trudelte eines Tages nach drei Jahren an den Strand von Juist."

Wasserturm

Dick und bräsig steht er auf der mit 22 Meter höchsten Düne Juists, setzt selbiger noch einmal fast 17 Meter drauf und überragt dieserart den Hauptort um ein ganzes Stück. Er ist eine Art **Wahrzeichen** der Insel, an dem man kaum vorbeisehen kann, obwohl ihm das neue Kurhotel den Rang abgelaufen hat und ihn in seinem Schatten klein und alt aussehen lässt.

So sehr alt ist er allerdings gar nicht. 1927 wurde er hochgezogen und erhielt prompt den **Spitznamen** „Doornkaatbuddel", weil er einer Flasche dieser Schnapsmarke so ähnlich sah. Den Kosenamen hat er heute immer noch, und eine Funktion als Notwasserspeicher erfüllt er auch weiterhin.

Sitzbänke umgeben ihn, und man hat von dort oben, zwischen Schwimmbad und Haus des Kurgastes, einen hübschen Blick über die See und den Ort.

Die Heimsuchung des Dampfers „Adolf"

„In der Juister Geschichte gab es zahlreiche Seenot- und Strandungsfälle. Eines dieser Unglücke sei hier herausgegriffen, weil es geradezu symptomatisch für die damaligen Juister Verhältnisse ist und weil eine detaillierte Reportage darüber vorliegt, die im Küstenmuseum zu sehen ist:

1867 – Wie dem „Bremer Courier" aus guter Quelle mitgetheilt wird, haben Strandräuber den kürzlich auf der Insel Juist gestrandeten Dampfer „Adolf", Capt. Hager, arg heimgesucht. Bei Nacht und Nebel stahlen sie sich an das Schiff heran, bewaffnet mit allen zum Raub erforderlichen Utensilien, um hier ihr gesetzwidriges Gewerbe zu betreiben. Was nicht fortgeschleppt werden konnte, wurde erbrochen, auch wenn vermuthlich Nichts von irgend welchem Werth in den betreffenden Räumen mehr vorhanden war. Namentlich sollen die Pulte des Capitains und Steuermanns erbrochen und sonst

mancher Frevel, bisweilen aus purem Übermuth, verübt sein. Bei herannahendem Morgen machen sich diese frechen Gesellen wieder vom Schiffe los, so daß ihre Namen verborgen bleiben und sie den Gerichten nicht zur Aburtheilung überliefert werden können. Es wäre aber doch wünschenswerth, daß dies geschehe, um solchem gesetzlosen Raubsystem ein baldiges Ende zu setzen. –

Der Dampfer „Adolf", 160 Fuß lang, 300 Last groß, in Vegesack auf Ulrichs Werfte erbaut, war ein in jeder Hinsicht vortreffliches Schiff, wie sich alle diejenigen, welche vor Jahresfrist die lustige Probefahrt nach der Wesermündung mitmachten, wohl erinnern werden. Als damals die Toaste auf das Wohl des Dampfers kein Ende nehmen wollten, dachte wohl Niemand der Gäste daran, daß schon nach einem Jahre dieser schöne Dampfer auf dem Juister Riff seinen Untergang finden würde. Der „Adolf" ist als verloren zu betrachten, denn die Brandung geht bereits über das Verdeck hinweg und zerstört den Rumpf, der sich tief in den Sand eingewühlt hat. Capitain und Mannschaften haben durch die ausgestandenen Strapazen und Gefahren bei der eisigen Winterkälte gelitten, sind jedoch wohlbehalten in der Heimath angelangt."

Die Nordsee – manchmal scheinbar zahm, manchmal recht ruppig

407ju ff

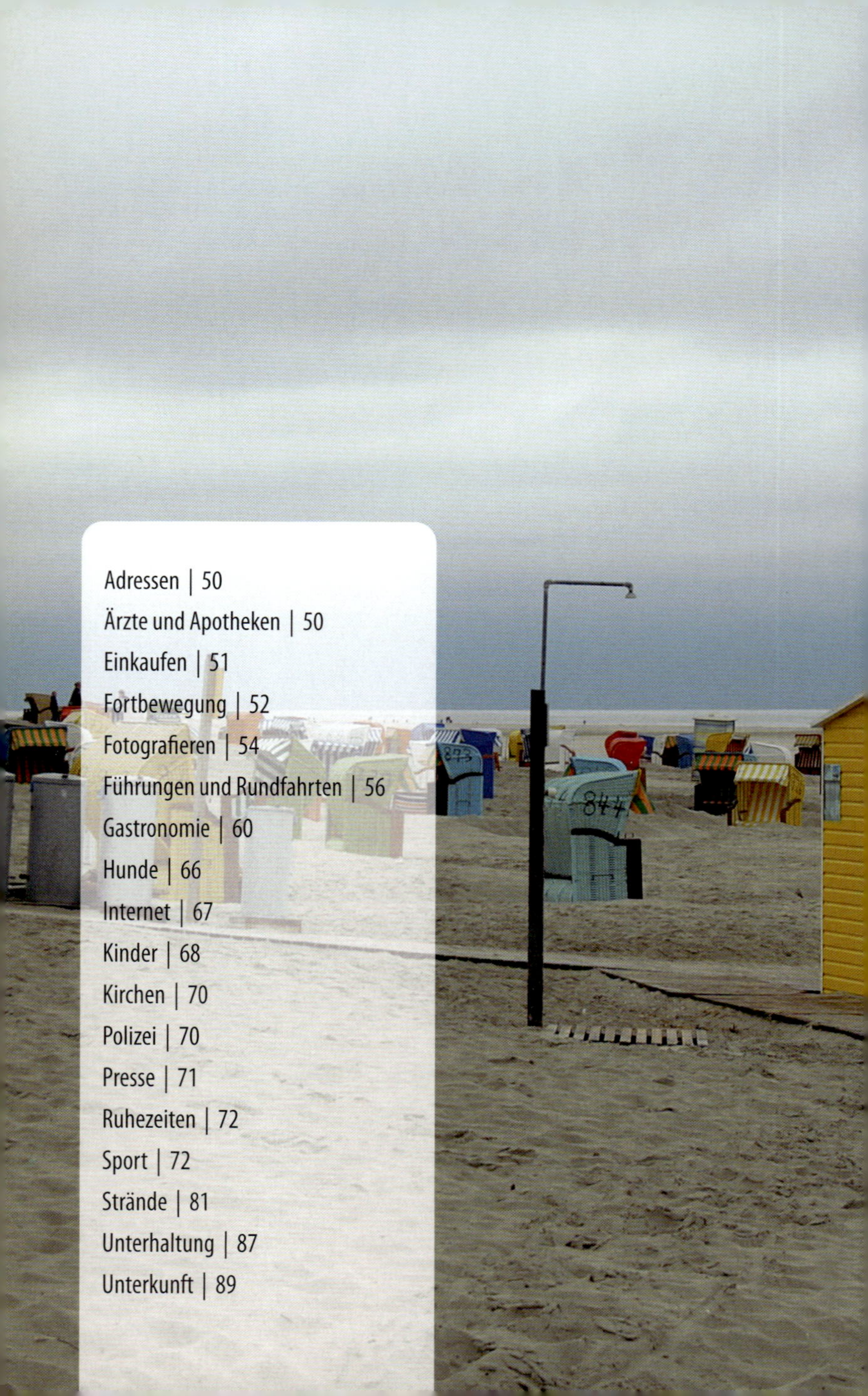
844

413ju ff

3 Insel-Info A–Z

< Hier kann man Strandkörbe mieten …

Adressen

- **PLZ:** 26571 (plus mehrere Postfach-PLZ).
- **Vorwahl:** 04935.

- **Kurverwaltung:** im Kurmittelhaus an der Strandpromenade (beim „Erlebnisbad"), Postfach 1464 (26560 Juist); Tel. 809106, Fax 809115, info@juist.de.
- **Zimmernachweis:** Tel. 809222, Fax 809223, zv@ juist.de.
- **TöwerCard-Service:** Tel. 809106, Fax 809115, tc@ juist.de.
- **Internet:** www.juist.de, www.facebook.com/toewerland.
- **Post:** Wilhelmstraße 48.

- **Notruf:** Tel. 112.
- **Polizei:** Carl-Stegmann-Str. 1, Tel. 1210.
- **Feuerwehr:** Tel. 112.
- **Ambulante Betreuung:** Tel. 914016.

- **Reisebüro:** Kiesendahl, Strandstr. 2, Tel. 914080.
- **Fundbüro:** im Rathaus (Friesenstr./Ecke Strandstr.), Tel. 809101.

- **Bahnauskunft:** Tel. 11861. Info, Fahrkarten und Reservierungen außerdem im Hafenbüro der Reederei (s.u.). Bahnfahrpläne sind an mehreren Stellen im Ort einzusehen. Achtung: Keine Bahn-Info im Reisebüro Kiesendahl!
- **Flugauskunft:** Frisia Luftverkehr GmbH Norddeich, Tel. 04931-93320; Kiesendahl (s.o.).
- **Schiffsauskunft:** Reederei Norden-Frisia, Tel. 91010.

Informationen aus dem Internet

- **Inselhomepage:** www.juist.de.
- **Internetcafé:** JCAMP, siehe nachstehend: „Internet".

Ärzte und Apotheken

Augenarzt, Optiker

- Nur auf dem Festland! Kleine Reparaturen (Brillen):
Die Inselgoldschmiede, Gräfin-Theda-Str. 1, Tel. 8214.

Kurärzte

- **Dr. med. Gonzales-Campanini,** Friesenstraße 18, Tel. 9229170.
- **Dr. med. P. Okot-Opiro,** Strandpromenade 1, Tel. 921544.

Zahnarzt

■ **Zahnarzt Thorsten Dietze,** Gräfin-Theda-Str. 14, Tel. 1856941.

Apotheke

■ **Seehund-Apotheke,** Warmbadstr. 5 (gegenüber der Kurverwaltung), Tel. 1041. Hier kann auch Kontakt mit einem Tierarzt hergestellt werden; auf Juist selbst gibt es keinen.

Einkaufen

Preise

Im Großen und Ganzen können Selbstversorger in den Juister Läden alle Bedürfnisse decken. Die Preise liegen schon ein paar Prozentpunkte **über denen auf dem Festland;** es muss ja alles mühsam herbeigekarrt werden. Deswegen sind sperrige Güter wie Getränkekästen auch nicht gerade billig. Von ruinöser Preistreiberei kann jedoch überhaupt keine Rede sein.

Öffnungszeiten

Fast alle Geschäfte legen eine lange **Mittagspause** ein, die bis 15.30 Uhr dauern kann. **Abends** wird durchweg um 18 oder 19 Uhr geschlossen. Am **Samstag** ist überall morgens offen; in der HS mitunter auch nachmittags. Die meisten Einzelhandelsläden und Bäckereien öffnen in der HS auch **sonntagmorgens.**

Spezielles

Übrigens – wenn man etwas kaufen möchte, das es gar nicht gibt: **Behrends** (Herrenstrand 8, Tel. 1075) hat es garantiert. Der Flachmann für Lebertran? Die Keramik-Fischplatte? Das gute „Juister Messer“? Das unverzichtbare Tüllensieb? Alles da, und noch viel mehr. Wie wär’s mit einer schicken Zwiebelpresse? Die hat er auch. Und Meister *Behrends,* immer proper, begleitet die Einkäufe mit manch munterem Scherz.

Getränke-Bringdienste

Es gibt auf Juist kostenlose Getränke-Bringdienste. Das **Verfahren** ist folgendermaßen: Man bestellt entweder telefonisch in einem der vier Läden einen Getränkekasten und bezahlt den Fuhrmann bei Anlieferung. Oder aber man bezahlt im Geschäft voraus und lässt dann liefern. Pfand wird nicht berechnet. Man stellt das (mit einer Markierung versehene) Leergut an den Straßenrand; dort wird es dann automatisch abgeholt.

■ **Altmanns,** Tel. 1090.
■ **Fürstenberg,** Tel. 918517.
■ **Looger Koopmann,** Tel. 1438.

Fortbewegung

Auto

Juist ist **autofrei,** und zwar konsequent. Auch um eine „Ausnahmegenehmigung" wird man sich vergebens bemühen.

Eine **Handvoll Kraftfahrzeuge** fährt allerdings herum. Sie gehören den Ärzten, dem DRK, der Feuerwehr, und auch auf dem Flugplatz gibt es eines für Notfälle – dafür kann man schon Verständnis aufbringen. Die Post hat **Elektrokarren,** aber ansonsten läuft alles per **Pferdefuhrwerk,** selbst die Müllabfuhr. Und siehe da – es geht auch, und sogar sehr gut!

Fahrrad

Das Rad ist **das Verkehrsmittel auf Juist.** Es existieren genügend Radwege, um die ganze Insel im Fahrradsattel zu erkunden, und Verleiher gibt es auch jede Menge.

Verbotene Bereiche

In den Orten Juist und Loog ist das Radfahren **auf den Gehwegen** nicht erlaubt; es findet sich ja genug Platz auf den dortigen Straßen.

Ebenfalls tabu für Räder ist die **Strandpromenade.** Dies gilt auch für das bloße Abstellen, weil unter Umständen die Anfahrt von Rettungsfahrzeugen dadurch verzögert wird. An allen Strandübergängen gibt es spezielle Fahrradparkplätze, wo man die Räder deponieren kann.

Außerdem sind Fahrräder **am Strand und im Wattenmatsch** nicht zugelassen. Die Vermieter werden nicht müde, auf dieses Verbot hinzuweisen. Nicht nur, weil die Radler dieserart manchmal in naturgeschützte Gebiete geraten. Auch den Kurgästen, die sich per pedes ergötzen, passt es nicht in den Kram, sich mit quasi urbanen Verkehrsverhältnissen auseinander setzen zu müssen – zwar nur Zweiräder, aber immerhin. Da kann es schon mal eine (symbolische) Kopfnuss setzen.

Schlimmer noch ist aber der Schaden, den Sand und Salzwasser an der Velo-Mechanik anrichten. Man sieht öfter mal Radler, die sich um diese Vorgaben nicht kümmern. Sofern es sich um eigene Bikes handelt, passiert ihnen auch nicht viel. Werden die

351jurh

Mieter von Leihrädern jedoch dieser Sünden überführt, kann es teuer werden. Die Verleiher stellen mindestens 5 €, wenn nicht sogar bis zu 50 € für die Reinigung eines versauten Rades in Rechnung und sperren die Verursacher für erneute Vermietungen.

Diebstähle

Achtung: **Fahrräder immer abschließen!** Diebstähle kommen vor. Es handelt sich gewöhnlich um simples „Gratis-Ausleihen" oder auch um Jugendstreiche, wobei das Gefährt anschließend einfach in die Walachei geschmissen wird – aber ärgerlich ist es für die Betroffenen schon. (Fundbüro im Rathaus, siehe unter „Adressen".)

Jede Menge Leihräder!

Fahrrad-Vermieter

Betrieb	Anschrift	Tel.	Typ*	Tag/Woche
Frische Brise	Wilhelmstr. 46	1061	3	8 €/30 €
Gerd Fisser	Mittelstr. 7b	1894	3	8 €/35 €
Villa Germania	Wilhelmstr. 17	297	3	8 €/30 €
Flieg. Holländer	Wilhelmstr. 58	914914	1	10 €/38,50 €
Alte Schmiede	Dünenstr. 20	380	2	ab 4 €/16 €
Schwips	Loogster Pad 10	8171	3	6 €/25 €

*** Fahrradtypen**
1 = Hollandrad
2 = Tourenrad
3 = Tourenrad mit Schaltung (meist 3–7 Gang)

Exotischere Zweiräder, wie E-Bikes oder Tandems, stehen bei manchen Fahrradvermietern auch zur Verfügung.

Fotografieren

Was gibt es auf so einem Sandhaufen denn überhaupt zu fotografieren?

Das ist eine oft gestellte Frage. Die Bilder in diesem Buch geben schon mal eine gewisse Antwort. Man muss nur das Auge für die **Motive** schärfen, das ist eigentlich alles. Und eine gute Kamera (Spiegelreflex oder eine sogenannte Bridgekamera, die zwischen kompakter Knipse und einer Spiegelreflex angesiedelt ist) kann natürlich auch nicht schaden.

Versuchen Sie doch einmal, eine ganze Serie nur mit den **Sandrippeln** vollzuknipsen, die bei Niedrigwasser am Strand und im Watt entstehen und die wunderlichsten Minilandschaften bilden. Bei bezogenem Himmel funktioniert die Sache allerdings nicht – volles Sonnenlicht ist nötig! Je nach dessen Ein-

352ju rh

fallswinkel zeigen sich prachtvolle silberne und goldene Muster auf schwarzem oder dunkelblauem Untergrund, deren raffinierte Verwobenheit keinem Teppichknüpfer einfiele und die es manchmal wert wären, daheim als Riesenposter an die Wand gehängt zu werden.

Fotografen wissen: Das schönste Licht gibt es früh morgens und am späten Nachmittag. Also ruhig mal die Kamera morgens beim Brötchenholen oder zum Strandspaziergang mitnehmen. Wer im prallen Sonnenlicht unterwegs ist kann mit einem **Polarisationsfilter** experimentieren, der den weiten Nordseehimmel noch ein ganzes Stück saftiger aussehen lässt.

Speicherkarten und sonstiges **Fotozubehör** bekommt man im Laden Nautilus in der Strandstraße 20.

Sandrippel im Watt

Führungen und Rundfahrten

Kutschfahrten

Auf der Pferdeinsel Juist ist das Angebot in dieser Sparte natürlich besonders groß. Die vier maßgeblichen Firmen sind:

- **Heyken,** Tel. 664.
- **Kannegieter,** Tel. 498.
- **Murnier,** Tel. 392.
- **Schwips,** Tel. 403.

Programm und Preise

- **Ausflüge mit der Einzelkutsche zur Domäne Bill** am Strand und Watt: ab 150 €.
- **Billfahrt als Linie;** Di und Do vom Kompass (Gaststätte am Kurpark) zur Domäne Bill und zurück ab 14 Uhr: Heyken 8 € pro Person, Kinder bis 7 Jahre 5 €. Über Reisebüro Kiesendahl tägl. außer Mi 10,50 € pro Person.
- **Rundfahrten durch Juist und zum Hammersee:** Für 4 Personen ab 60 € pro Stunde.
- **Fahrt mit historischer Kutsche:** Alle Betriebe 50–60 € für 3 bis 4 Personen.
- **Linienfahrten zum Flugplatz** ab Kompass Di, Mi, Do um 11, 14 und 16 Uhr; ab Flugplatz um 12, 15 und 17 Uhr (während der Ferienzeiten): Heyken 10 € pro Person (auch Kinder).
- **Sonderkutschen bis 4 Personen zum Flugplatz:** 50–60 € für 4 Personen.

356ju rh

Natur-führungen

Das **Nationalparkhaus** (s.u.) unternimmt während seiner Öffnungssaison von Mitte März bis Ende Oktober spezielle Führungen durch die Inselnatur. Empfehlenswert: Man ist mit kompetenten Guides unterwegs, richtet selbst in Naturschutzgebieten keinen Schaden an und lernt eine Menge zum Thema Ökologie. Ein monatliches Faltblatt der Einrichtung gibt Programmhinweise. Spezielle Veranstaltungen für Gruppen können aber jederzeit vereinbart werden: Tel. 1595. Der Eintritt bzw. die Teilnahme ist normalerweise frei; auf die Möglichkeit einer Spende wird jedoch diskret hingewiesen – sie ist ja für eine gute Sache.

Rundflüge

Von Juni bis Mitte September kann man Freitag zwischen 14 und 17 Uhr **verbilligte Rundflüge über Juist** buchen.

- **Info** gibt es bei der FLN (Tel. 04931-93320), dem Reisebüro Kiesendahl (Tel. 914080) und bei der „Jubi" (Tel. 399).
- **Preise** auf Anfrage.

Schiffs-fahrten

Fahrten zu den anderen Inseln werden impromptu anberaumt.

Da die Touren tidenabhängig sind, finden die **Abfahrten** nicht immer zur gleichen Zeit statt (Fahrpläne im Aushang und im Veranstaltungskalender). Weitere Informationen und Tickets erhält man im Reisebüro Kiesendahl, Tel. 914080.

Watt-wandern

Ins Juister Watt geht man mit **Heino.** Nein, nicht mit *dem,* sondern mit *Heino Behring,* der, versteht sich, „staatl. gepr." ist und das Metier erfolgreich in zweiter Generation betreibt – und auch der *Ino,* der Enkel des Pioniers, ist schon dabei.

Gesungen wird auf *Heinos* Touren gottlob nicht. Aber jede Menge Unterhaltung gibt es schon; dafür ist der Juister Wattführer bekannt und entsprechend beliebt. In der Tat ist er ein rechtes Original, und das weiß er auch selbst und macht keinen Hehl daraus. Seine Exkursionen in die scheinbare Einöde der Watten sollen Spaß bereiten und nicht der trüben Betrachtung trockengefallenen Meeresbodens dienen. Deshalb gestaltet er, stets mit weißer Labskausmütze angetan, seine Ausflüge zu **vergnüglichen Lehrveranstaltungen,** bei denen auch Kinder begeistert mitmachen. Es gibt sogar pro Woche eine spezielle **Familienführung** für Eltern und Kinder bis zu 8 Jahren, die etwas kürzer ausfallen, um die kleinen Füßchen zu schonen, aber deshalb nicht weniger lehrreich sind und einem praktischen Biologieunterricht gleichen. Immer wieder fasziniert sind die Teilnehmer besonders von *Heinos* kleiner Demonstration, bei der eine Handvoll Muscheln im Glas binnen kurzer Zeit eine gubbelige Brühe in so klares Wasser verwandelt, dass man eine Trinkkur damit veranstalten könnte ... (Siehe auch „Juister Natur").

Sehr beliebt und entsprechend stark gebucht ist *Heinos* **Springflutwanderung**, die in Abhängigkeit von der Mondphase nur alle zwei Wochen stattfindet. Die insgesamt etwa 3-stündige Tour führt bei tiefster Ebbe ans Juister Fahrwasser in der Wilhelmshöher Bucht, um zu beobachten, wie jeweils ein Flutschwall aus Ost und West in der Rinne aufeinander treffen und sich dann rasend schnell (100 m/Min.) über das Watt ergießen. Man muss sich dann sputen, um vor dem hinterher eilenden Wasser das Weite zu suchen. Ungefährlich, aber ein kleiner Nervenkitzel ist schon dabei.

Heinos **reguläre Touren** dauern 2 Stunden. Dabei werden lediglich zwei Kilometer zurückgelegt, und zwar auf festem Sand-

boden, so dass man sommertags ohne weiteres barfuß laufen kann. Gehbehinderte können auf einem speziellen geländegängigen und (weil zum Teil solarbetrieben) von der Nationalparkverwaltung gutgeheißenen Minirollstuhl mitmachen.

Treffpunkt für die jeweiligen Exkursionen ist 15 Minuten vor der angegebenen Zeit bei **Heinos Appartements** im Rosengang 2.

- **Info:** Des Wattenmanns Büro befindet sich im Rosengang 2. Tel. 339 oder Handy 0171-5225850.
- **Führungstermine:** www.heino-juist.de.
- **Preise:** reguläre- und Familienführung 10 €, Kinder 5 €, Springflutwanderung Erwachsene 18 €, Kinder 10 €, zu jeder Wattführung gibt es eine Farbbroschüre mit allen gezeigten Watterklärungen. Das Solarmobil ist für Teilnehmer mit einem Festpreis von 50 € ausleihbar, darin integriert ist die Reinigungsgebühr und der Preis für die Wanderung, egal welche Art von Führung ansteht.

Zwischen Watt und Wasser!

354ju rh

Gastronomie

Die **gastronomische Palette Juists** ist von erheblicher Vielfalt. Bei einem Bummel durch den Hauptort hat man den Eindruck, in jedem zweiten Haus gäb's etwas käuflich zu essen. Und das entspricht auch fast den Tatsachen ... Wie bereits zuvor bei „Essen und Trinken" zur Sprache kam, hat sich eine spezifische Juister Küche allerdings nicht entwickelt. Weil fast alle Lebensmittel außer Seafood vom Festland herantransportiert werden müssen und weil auf Juist weder nennenswerte Viehzucht betrieben noch (außer in ein paar winzigen Oasen) irgendetwas angebaut wird, haben die Rezepte halt auch keinen Inselcharakter.

Das heißt aber mitnichten, dass auf Juist nicht edel gekocht würde! Im Gegenteil. Kaum ein Kurgast, der nicht **voll des Lobes über die insulare Kochkunst** wäre – selbst die Fritten mit Ketchup und Majo in der Strandstraße sollen besser munden als anderswo. Aber da hilft die Appetit anregende Seeluft sicherlich ein wenig nach ...

Das **Preisniveau** der Juister Gastronomie liegt allerdings empfindlich hoch, und es hat auch Klagen wegen muffeliger **Bedienung** gegeben. Das lässt sich vom Autor leider nicht durchgängig testen. Zumindest ein Restaurant hat auf Grund solcher Beschwerden jedoch keine Aufnahme in dieses Buch gefunden.

Den besten Kontakt mit den Eingeborenen stellt man übrigens in einer der **Pinten** her. Die Einheimischen haben dort ihre gewohnten Treffs, um im lauschigen Kreis Nachrichten auszutauschen und – auf stramme Männerart natürlich – ein bisschen zu tratschen.

Bars

- **Kaminbar**
Neues Kurhaus, Strandpromenade 1, Tel. 9160.
Cocktails.
- **Schirmbar**
In der Strandhalle Pabst, Strandpromenade 3, Tel. 805483.
Cocktails und bunte Drinks, „Open Air Musik".
- **Quelle**
Im Ringhotel Pabst. Internationale Cocktails.

Bistros, Imbisse

- **Bäckerei Remmers**
Billstr. 2, Tel. 1093.
Im kleinen „Stehcafé" kann man hier Frischgebackenes vertilgen.

Flying Pizza Service
Hellerstr. 1, Tel. 921493.
Pizzen, Hähnchen, Gyros und Salate. Kostenloser Bringservice.

Fischhandlung Schönrock
Rosengang.
Seafood und Geräuchertes, Backfisch zum Mitnehmen.

Matjes & Co./Curry & Co.
Strandstr. 12, Tel. 8480.
Feines Fischiges, auch zum Mitnehmen. Außerdem Pasta und Pizza.

Santorini
Strandstr. 2, Tel. 922788.
Schnelle, leckere Sachen nach griechischer und deutscher Art.

Cafés

Baumann's
Bahnhofstr. 4 (Am Kurplatz), Tel. 990233.
Auf der Terrasse sitzt man direkt vis-à-vis dem Kurorchester. Zu getragenen Klängen lässt es sich stilvoll dinieren, denn das Lokal bietet Brunch, Kaffee und Kuchen, edle Getränke, feinste Speisen und „Dämmerschoppen".

Kiebitz Eck
Störtebekerstr. 21, Loog, Tel. 554.
Café-Restaurant, Fisch- und Fleischspezialitäten. Di Ruhetag.

Kuppellounge/Weißer Saal
Im Neuen Kurhaus, Tel. 9160.
Kaffee und Kuchen am Nachmittag bei einem Ausblick über ganz Juist.

Lütje Teehuus
Am Janusplatz, Tel. 8402.
Hübsches altes Haus. Darin: Kleine leckere Speisen, Kuchenspezialitäten und natürlich auch Ostfriesentee vom Feinsten!

Panorama-Café
Im Schwimmbad, Strandpromenade, Tel. 921874.
Alles für den kleinen und großen Hunger nach dem Schwimmen.

Wilhelmshöhe
Flugplatzstr. 21, Tel. 249.
Auf halbem Weg zum Flugplatz. Auf einer Düne gelegen, schöner Rundblick bei Kaffee und Kuchen.

Loogster Stuv
Hammerseestr. 15 (neben dem Haus des Gastes in Loog), Tel. 921285.
In rustikalem Landhausambiente gibt's Kaffee, Tee und hausgemachten Kuchen. Für den größeren Hunger auch Fisch-, Fleischgerichte und italienische Pasta.

Eisdielen

Carina's Eisinsel
Am Kurplatz.
Langnese „Eiskreationen" und einiges mehr.

Valentino
Wilhelmstr. 11.
Selbstgemachtes italienisches Eis.

Kneipen

Die Welle
Wilhelmstr. 13, Tel. 921405.
Cocktail „Welle Spezial" und Caipirinha, Bundesliga live.

Spelunke
Am Kurplatz, Tel. 319.
... einfach nur Kneipe. Im Winter sonntags dicht.

Köbes
Strandstr. 8, Tel. 921495.
Gute Stimmung bei leckeren Bieren, auch Restaurant.

022ju hb

Restaurants

■ **Brasserie Rüdigers**

Im Ringhotel Pabst, Strandstr. 16, Tel. 8050.

„Päbstlich" schlemmen kann man hier, auch als Nichtgast – nämlich frischen Fisch, schmackhafte Salate und Gemüse.

■ **Küchenwerkstatt**

Strandstr. 1 (Am Kurplatz) Tel. 9212002.

Die Abendkarte umfasst neben Salaten, Suppen und Klassikern wie Cheeseburgern und Spaghetti Bolognese vor allem Steakspezialitäten. Bei 24-stündiger Vorbestellung lassen sich für 2 Personen oder echt starke Mägen auch 800g Ochsenkotelett oder 1000g T-Bone-Steak vertilgen. Außerdem täglich wechselnde Mittagskarte.

■ **Domäne Bill**

Am Westende der Insel, Tel. 1212.

Beliebtes Ausflugslokal für alle Fuß- und Radwanderer, die bis in den „Wilden Westen" vorstoßen. Besonders populär sind die schmackhaften Eintopfgerichte. Außerdem: Rosinenstuten aus eigener Bäckerei. (Für Nichtnorddeutsche: Ein „Stuten" ist eine Art Weißbrot oder Wecken.) Mi Ruhetag.

■ **Domäne Loog**

Am westl. Ortsausgang des Loog, Tel. 1250.

In diesem aktiven landwirtschaftlichen Betrieb kehren zumeist Wanderer ein, die es nicht bis zum Stuten der Domäne Bill schaffen. Spezialitäten: Gefüllte Lammkeule, ganze Flugenten (auf Bestellung). Do Ruhetag.

Flugplatzrestaurant
Flugplatz, Tel. 921444.
Mit Blick auf das Rollfeld kann man sich hier stärken, während man auf seinen Flug wartet. Oder einfach mal die fliegerische Action beobachten, die vor allem im Sommer ganz beträchtlich ist.

Friesenhof
Im gleichnamigen Hotel. Strandstr. 21, Tel. 8060.
Frische Schollen, saftige Steaks, Salate, leichte Vegetarierküche und spezielle Kindermenüs sind die Spezialitäten des Hauses.

Gabeljürge
Gräfin-Theda-Str. 3, Tel. 1007.
Fisch- und Lammspezialitäten.

Hacienda
Hellerstr. 1, Tel. 921492
Steaks, Pizza und Pizzabringdienst.

Hafenrestaurant
Am Hafen, Tel. 1363.
Fisch- und Fleischspezialitäten, Kaffeeterrasse mit Blick übers Wattenmeer. Do Ruhetag.

In't Veerhus
Warmbadstr. 4, Tel. 1057.
Fisch, Bürgerliches und à la carte aus guter Küche. Freundlicher Service. Vorbestellung empfehlenswert.

Kompass
Im „Alten Bahnhof" (Nationalparkhaus), Tel. 1097.
Café, Restaurant und Bierlokal in einem. Mit reichhaltiger „ostfriesischer" Speisekarte und täglich wechselndem „Stammessen". Im Sommer jeden Freitag Grillabend.

Strandhalle Pabst
Strandpromenade 3, Tel. 805480.
Frühstück, mittags wechselnde Tagesgerichte, große Kinderkarte ... Eigene Konditorei, Kaffeespezialitäten, Eisbecher, Mixgetränke ... Abends Büfett, Salate, Antipasti, Abendkarte ...

Pier 85
Damenpfad/Strandpromenade 4, Tel. 263.
Kreative Nudel-, Fleisch-, und Fischgerichte sowie Gerichte vom „Heißen Stein", das heißt rohes Fleisch oder roher Fisch mit angeheiztem Lavastein serviert, zum Grillen nach eigenem Ermessen.

Weißer Saal
Im Kurhaus Juist, Tel. 9160.

Eine Handvoll Krabben

Unter vier Sternen speist man hier vom Feinsten, beginnend mit einem reichlichen Frühstücksbüfett von 8 bis 12 Uhr, Tea- oder Coffeetime am Nachmittag und à la carte von 18 bis 22.30 Uhr. Und danach vielleicht ein Drink in der Kaminbar? Besser reservieren!

■ **Wintergarten**

Im Hotel Achterdiek, Wilhelmstr. 36, Tel. 8040.

Das Restaurant wird zu den „200 besten" Deutschlands gezählt – immerhin!

Hunde

Der Wauwi wird auf Juist **keineswegs innig geliebt.** Schon 1925 schlägt sich seine Mitnahme zur Insel mit satten 25 Reichsmark nieder. „Hunde sind auf der Insel nicht gerade erwünscht", kommentiert auch der Juister Autor *F. Runge* in jüngerer Zeit die Situation. Die gut 1700 Insulaner selber besitzen nur ca. 80 Hunde, eine Zahl, die ein bezeichnendes Licht auf die Sachlage wirft.

Ein **spezieller Hundestrand** befindet sich rechts (östlich) vom Hauptstrand. Zu beachten ist, dass Hunde an den Badestränden vor dem Ort und im Loog vom 15.5.–30.9. prinzipiell nicht erlaubt sind.

Ganzjährig müssen sie überdies in den Schutzzonen, d. h. überall außerhalb der bebauten Ortslage, **an der Leine** geführt werden. Darüber hinaus ist in der Zeit vom 1.3.–15.11. und vom 20.12.–15.1. innerhalb der geschlossenen Ortslage Anleinpflicht.

In der Praxis befolgen, immer wieder zu beobachten, höchstens zehn Prozent der Hundehalter diese Gebote. Wer immer mit deren Beaufsichtigung betraut ist, sieht auch ziemlich großzügig über die **Verstöße** hinweg und versucht sich mitunter sogar in verständnisvoller Apologetik: „Die Leute freuen sich, dass sich ihre Hunde mal austoben können, ohne Gefahr zu laufen gleich unter ein Auto zu geraten. Also lasse man sie gewähren."

In Ordnung. Aber mit Einschränkungen. Wer mit seinem Hund auf den **Badestränden** erscheint, wird von den dortigen Wärtern sehr unwirsch verscheucht.

Und wer den Hund im **Naturschutzgebiet** frei laufen lässt, erfüllt den Tatbestand des Wilderns. Das übliche Argument: „Unser Bello ist ja soooo artig!" zieht dann nicht. Denn wie sich immer wieder erweist, brennen selbst dem bravsten Möppi alle Sicherungen durch, wenn es Vogel- und anderes Wild zu hetzen gibt – was gerade im Parkbereich besonders destruktiv ist. Ran-

357ju rh

ger machen Kontrollgänge. Sie selbst haben keine Hoheitsrechte und können nur Verweise erteilen. Schwere Verstöße und pampige Reaktionen werden jedoch an die Polizei weitergereicht. Eine Anzeige wegen Wilderns, die dann unweigerlich folgt, kann ganz schön teuer kommen. Wer seine kleinen Schatzis indes doch mal ohne Leine sich austoben lassen will, der gehe zum **Hundeauslaufplatz** im Ostdorf. Am östlichen Ende der Deichpromenade gelegen, verspricht dieser umzäunte Bereich eine unproblematische Beschäftigung mit dem vierbeinigen Freund.

Würstliche Hinterlassenschaften sind von den Hundehaltern zu entfernen. Tüten dafür gibt es gratis auf mehreren Servicestellen. (Auch hier ist leider häufig Unbekümmertheit zu beobachten.)

Internet

Damit es auf dem autofreien Eiland unter den Gästen nicht zu schweren Entzugserscheinungen in Sachen Technik kommt, haben die Insulaner eine Stätte eingerichtet, in denen sich die Kurgäste im Internet betätigen können:

■ **JCAMP:** Das Kürzel steht für „Juist-Camp". Im Haus des Kurgastes bietet es ein Internetcafé. Dort kann man seine E-Post versenden, surfen, chatten – was immer das Herz begehrt. Gerne wird Ihnen auch eine Urlaubs-Mailadresse eingerichtet, z.B.: Ihr.Name@aufjuist.com. Darüber hinaus ist JCAMP aber auch eine Computerschule, in der man verschiedene Kurse für Anfänger und Fortgeschrittene besuchen kann. Termine findet man unter www.jcamp.de/kurse/index.html. Weitere Informationen kann man sich schon vorauseilend aus dem Netz holen: www.jcamp.de.

Kinder

„Hallo Kids!“ wird das Kleinvolk fröhlich auf Juist begrüßt. (Erklärung: „Die wollen das so!“) Danach werden die „Kids“ aber ganz selbstverständlich ins Geschehen integriert, ohne dass Juist den Anspruch erheben würde, eine spezielle Kinderinsel zu sein.

017ju rh

Das beginnt damit, dass bei allen Fahrradverleihern **Kindersitze und Bollerwagen** zu haben sind, um die transportgewöhnten Zwerge verlässlich von A nach B zu bewegen. Auch in Restaurants sind zumeist spezielle Hochstühle vorhanden.

Viel Sand zum Buddeln

Gut ist ebenfalls das (in der Feriensaison) jeden Nachmittag am Oststrand (bei Turm 2) stattfindende **Unterhaltungsprogramm** für die Kinder, mit Zirkus, Clowns, Piraten, Rallyes und diversen Wettbewerben.

Außerdem gibt es die folgenden **Spielplätze:** In Juist-Ort je ein Areal am „Alten Bahnhof" und bei der Tennisanlage (Kleinkinder) sowie ein weiteres am Ortseingang zum Loog. An den Strandzugängen liegt übrigens überall Buddelspielzeug zur kostenlosen Bedienung bereit. (Man würde sich aber freuen, wenn es zurückgebracht würde.)

Wickelräume finden sich im Haus des Kurgastes, im Schwimmbad sowie in einigen Restaurants und Gaststätten auf Juist.

Kirchen

Einzelheiten zur Entstehungsgeschichte der Juister Kirchen finden sich weiter hinten im Buch im Kapitel „Geschichte".

- **Evangelisch-lutherische Kirche,** Wilhelmstr. 42, Tel. 910910. Offen täglich 8–20 Uhr. Gottesdienst So 10 Uhr, Kinder/Familien 11.15 Uhr, Kirchenkonzert 20.15 Uhr.
- **Katholische Kirche** „Zu den Hl. Schutzengeln", Dünenstr. 16, Tel. 309. Tägl. Hl. Messe, Sa abends Beichte. Zahlreiche Programme in der Saison; die katholische Kirche ist sehr aktiv auf Juist, weil sich auf der Insel ein Schwesternheim befindet. Weitere aktuelle Informationen in den Schaukästen.

Polizei

Juists Polizeirevier befindet sich in der Carl-Stegmann-Str. 1, Tel. 1210.

Hat die Polizei auf Juist **überhaupt etwas zu tun?** Ja, sie hat, wie auf anderen Inseln auch. Viele Kurgäste geben sich dem Irrglauben hin, auf einer Insel könne überhaupt nichts passieren, „weil der Täter doch sofort gefasst würde", spätestens beim Verlassen des Eilands. Das Dumme ist nur, dass man in der Regel nicht weiß, wer (außer dem Gärtner/Butler) der Täter ist.

Und Täter gibt es schon. Einige reisen in der Hauptsaison sogar speziell an, um diesen Status zu erwerben, und warten auf die Gelegenheit, die **Diebe** macht. Man gebe sich also keinen naiven Illusionen hin, die dieses Tun fördern und halte seine Wertsachen (auch am Strand) immer gut unter Verschluss oder Beobachtung.

Andere Delikte, die die Polizei beschäftigt halten, sind **Ruhestörungen,** Verstöße gegen Verordnungen, alkoholisierte **Raufereien** – also nichts wirklich Gravierendes. Auch die Insulaner sind normale Menschen und kriegen sich schon mal in die Wolle; Inselkoller und Ehezwist sind keine unbekannten Größen auf Juist.

Sogar gelegentliche **Verkehrsunfälle** gibt es auf der autolosen Insel: Radfahrer knallen zusammen, oder jemand gerät mal unters Pferd.

Die Polizei kassiert auch **Verwarnungsgelder gegen Radler,** die sich auf ausgeschilderten Fußwegen (z.B. der Promenade) tummeln oder sich rabaukenhaft gebärden – die Gemeinde ersucht die Beamten sogar speziell um diesen Dienst, damit die Ordnung gewahrt bleibt.

Presse

Das **Info-Journal „De Strandlooper"** wird zwischen Ostern und Oktober monatlich und dann noch einmal zu Weihnachten/Neujahr herausgegeben und gibt Auskünfte über diverse Veranstaltungen, Fahrpläne und Wasserstände. Der restliche Begleittext ist jedoch das ganze Jahr lang der gleiche. Das Heft erhält man kostenlos bei der Kurverwaltung und bei den meisten Gastgebern.

Ansonsten ist von Bild bis Spiegel alles in den Zeitschriftenshops vertreten. Ein gutes Sortiment an **Inselliteratur** führt die Buchhandlung Thomas Koch (Friesenstraße; schräg gegenüber der Kurverwaltung).

Empfehlenswerte Urlaubslektüre ist auch das monatliche **„Ostfriesland Magazin"** mit aktuellen Küstenthemen und häufigen Beiträgen über die Inseln.

Ruhezeiten

Vom 20. März bis zum 31. Oktober hat auf Juist von 13 bis 15 Uhr und von 21 bis 8 Uhr, in der übrigen Zeit von 22 bis 7 Uhr Stille zu herrschen. Besonders ernst genommen wird die mittägliche Siesta. Um Himmels willen dann nicht irgendwo anklopfen!

Sport

Allgemeines

Sport auf Juist beinhaltet **nichts Schrilles,** Fetziges und Lautes, sondern konservative Bewegungsabläufe, bei denen man dem Nächsten nicht auf die Füße tritt.

So wird von Mitte Mai bis Ende September allmorgendlich unter fachkundiger Leitung eine bunte **Fitnessrunde am Juister Badestrand** (Loogbad) abgehalten, die Gymnastik, Kinderspiele, „Sport und Spaß für Erwachsene", Yoga und verschiedene „Aktivprogramme" beinhaltet. Die Teilnahme ist kostenlos. Bei schlechtem Wetter vollzieht sich das Geschehen im Haus des Gastes.

Organisiert werden außerdem Aktivitäten wie **Boccia, Fußball/Strandfußball, Insellauf und -triathlon, Strandvolleyball** einschließlich Turniere, Workouts und vieles andere mehr. Info u.a. über Tel. 809265.

Angeln

Ja, sind wir hier denn noch in Deutschland? **In der Nordsee** darf man – außerhalb der Badestrände und der NSG – nach Herzenslust und ohne ein amtlich ausgestelltes Papier angeln! Und man darf den Fang mit nach Hause nehmen und dort zubereiten, ohne dass einem ein Strandvogt in die Suppe spuckt!

Besonders spannend und potenziell lohnend ist **Brandungsangeln.** Heißt es. In Wahrheit sind die Fänge in jüngerer Zeit stark zurückgegangen. Wer mehr zum Thema wissen möchte, wende sich an Galt Noormann, Tel. 921393.

Fußball

Rechts vom Hafen (von See aus gesehen) befindet sich vor dem Deich ein **Bolzplatz.** Nichts Großartiges, aber dort kann jederzeit ein Fußballmatch aufgezogen werden.

Golf

Für 1999 war vorgesehen, die **Planungen für einen Golfplatz auf Juist** umzusetzen, und sogar Bilder tauchten schon auf, wie die Greens aussehen würden. In letzter Minute wurde dann zugunsten des Nationalpark-Areals nichts aus der Genehmigung. Und dabei bleibt's wohl auch.

Wer unbedingt golfen will, muss sich zu der (mitten im NSG gelegenen) Anlage auf **Norderney** weiterbemühen.

Lenkdrachenfliegen

Weil sich hier etwas bewegt, ist auch dies ein Sport. Zu viel Bewegung, des Drachens nämlich, kann aber ungesund sein. Das Steigenlassen von Lenkdrachen ist auf Juist **strengstens verboten, wenn Pferde in der Nähe sind.** Die wilden Kurven und die schwirrenden Geräusche des Fluggeräts machen die Rösser nämlich verrückt. Sie gehen dann womöglich durch, und wenn ein Reiter draufsitzt oder eine Kutsche hintendran hängt, ist das Malheur groß ...

Am Strand darf man die Drachen an folgenden Stellen steigen lassen:

- **Juist-Ort:** 250 m östlich des Übergangs am östlichen Ende der Strandpromenade (ca. 800 m östlich des Ostbades).
- **Loog:** Westlich vom Strandübergang Siedlung, östlich vom Loogbad und DJH-Strand.

Spaß an einer sportlichen Tätigkeit zu haben heißt auch, ihn mit anderen zu teilen, indem man Rücksicht auf andere nimmt. Wer seinen Drachen nach dem Motto steigen lässt, alle anderen Strandläufer seien nach dem Vorbild des Autoverkehrs „ausweichpflichtig", sollte lieber mit Murmeln spielen.

Minigolf

- **18-Loch-Anlage** in der Warmbadstraße (nahe der ev. Kirche). Kinder bis 14 Jahre 3 €, Erw. 4 € pro Runde. Geöffnet 1.4.–24.10.

Reiten

- **Geführte Strandausritte** in kleinen Gruppen mit Reitlehrer auf sicheren Sport- und Freizeitpferden, getrennt für Anfänger, Fortgeschrittene und Könner, bieten an: Heyken (Tel. 664) und Kannegieter (Tel. 498) zum Richtpreis von 28 € pro Std., bei längeren Ausritten Ermäßigung. Bei Bedarf auch Unterricht.
- Bei Heyken gibt es außerdem **Strandausritte „auf Friesen"** (gemeint sind Pferde) für Anfänger und Fortgeschrittene mit und ohne Begleitung sowie **Ponyreiten.** Preis 30 bis 35 € pro 1½ Stunde.

Juist – die „Insel der Wildpferde“

Juist und das Pferd – das sind Synonyme, fast so alt wie die (bewohnte) Insel selbst, obwohl der Juister Katalog ausgerechnet das Ross als „Innovation“ vorstellt.

Zu Beginn des 17. Jahrhunderts befand sich auf Juist das größte Gestüt Ostfrieslands. Auf den Salzwiesen weideten bis zu 100 Pferde, und richtiggehende Cowboys sorgten für Ordnung auf den Koppeln. *Graf Enno III.* von Ostfriesland (1599–1625) war offenbar recht zufrieden mit seinen Juister Pferdeknechten, denn er ließ für sie, sorgfältig dokumentiert, schon mal „eine Tonne Bier“ springen. Die Jungs hatten auch bestimmt viel Arbeit. Wenn das Gras auf dem kargen Eiland nicht ausreichte, musste weiteres Futter von der Nachbarinsel Bant herangeschafft werden, die damals noch erhebliche Ausmaße aufwies. Bereits 1628 war mit dem Gestüt aber Schluss, weil die Versorgung zu mühsam wurde. Man hat spekuliert, dass *Ennos* Pferde Abkömmlinge von schiffbrüchigen Rössern waren,

die von havarierten Kreuzfahrerkoggen auf der Insel an Land schwammen und rasch verwilderten. Ebenso wahrscheinlich ist aber, dass das Herrschergeschlecht der *Cirksena* auf Bant schon zu einem frühen Datum Pferde ausgesetzt und die Übersicht über die Bestände verloren hatte, als die Insel zerbröckelte. In einem Bericht des Jahres 1530 werden die Pferde jedenfalls erwähnt, und der Chronist hat folgendes über sie zu sagen: Es handelt sich um eine Pferderasse, „die sich nur von den Kräutern oben an den höchsten Dünenkuppen unter freiestem Himmel nährt. Sie hat sich noch nicht an den Anblick der Menschen gewöhnt, geschweige, dass sie ihre Annäherung duldet. Die Pferde sind ungewöhnlich schnellfüßig und lassen sich nur durch ausgespannte Seile fangen und in andere Länder abführen."

Heute gibt es auf Juist etwa 120 Pferde – immerhin mehr als zu *Ennos* Zeiten –, und sie genießen das außergewöhnliche Privileg, sich frei auf den zur Zwischenzone des Nationalparks (s.u.) gehörenden Salzwiesen tummeln zu dürfen. Das hat einen ganz einfachen Grund: Andere Weideflächen gibt es auf Juist gar nicht. Dieserart haben die Rösser praktisch den Status von Wildpferden – und ganz ähnlich sehen manche von ihnen auch aus.

026ju rh

Pferde auf den Salzwiesen

025ju rh

Schwimmen

Im **„Erlebnisbad auf der Düne“** (Strandpromenade, neben dem Wasserturm) kann man sich bei tropischen Temperaturen (Wasser 29–34° C, Luft 31° C) tummeln, wenn der Nordseewind mal zu herbe pfeift oder der Blanke Hans zu heftig bullert. Nicht aber, dass dort nur schlicht gebadet würde! Grotte, Wasserfall, Brodelboden, Strömungskanal, Whirlpools und sogar ein „Boot“ (aus Fliesen, festgemauert in der Erde) mit „Wasserkanone“ erhöhen den Reiz des Abenteuers, von dem man sich anschließend in der „Duschkapelle“ erholen kann. Und selbstverständlich gibt es auch einen Wickelraum.

Die ersten 1½ Stunden im Bad sind frei – einmalig im Nordseebereich! Danach kostet es 2 € für weitere 1½ Stunden – das ist durchaus günstig. Ein Saunabesuch kostet 17 € (bis 3 Stunden) oder 20 € für eine Tageskarte.

- **Info:** Tel. 809243.
- **Öffnungszeiten:** Die Anlage mit angegliederter Sauna ist generell täglich außer So 10.30–19 Uhr geöffnet. Zu Anfang des Jahres, bis ca. Mitte Februar, wegen Wartungsarbeiten geschlossen.

Segeln

Die Gewässer um Juist gelten als **prächtiges Segelrevier** und locken das ganze Jahr über zahlreiche Skipper an.

Gesunder Sport: Strandreiten

363jurh

Aufbruch im Morgengrauen

Strandsegeln

Vom 30. September bis 1. Mai ist der Juister Strand für die höchst inselspezifische Aktivität des Strandsegelns freigegeben. In dieser Zeit startet der **Inselklub** auch sieben bis acht Vereinsregatten. Jährlich findet auf Juist zudem die Qualifikationsregatta aller bundesdeutschen Vereine für die Europameisterschaften statt, und es gibt ebenfalls Treffen mit anderen Clubs. Da der Vorstand mitunter wechselt, wende man sich für Auskünfte über diesen rasanten, aber ökologisch völlig unbedenklichen Sport am besten an die Kurverwaltung: Tel. 8090.

Tennis

In der **Tennisschule Laux** an der Karl-Wagner-Straße kann man auf fünf Kunstrasenplätzen oder in einer modernen Zweifeldhalle zu den im folgenden aufgeführten Preisen spielen. Außerdem gibt es spezielle Kurse für Kinder, Ehepaare, Gruppen.Im Sommer besteht die Möglichkeit, an Turnieren („Krüger Cup"), Seminaren und Trainingswochen teilzunehmen.

- **Info:** Tel. 528, Fax 588, info@tennisaufjuist.de.

Preise Tennis

Spielstunde, Außenplatz	17 €
Spielstunde, Halle	ab 18 €
Zehnerkarte Halle	160 €
Trainerstunde (40 Min.)	40 €
Trainerstunden, Zehnerkarte	360 €

Wandern

Es ist im Grunde widersprüchlich, eine so **natürliche menschliche Aktivität** wie die Fortbewegung zu Fuß einen „Sport" zu nennen, unter dem man sich ja immer etwas besonders Aufwendiges vorstellt. Doch „Wandern" sei in dieser Rubrik halt verbucht, weil die meisten Leser das Thema hier suchen dürften.

Juist mit seiner langen Ausdehnung, den buhnenlosen Stränden und seinem autofreien Status ist die **ideale Insel für Wanderungen.** Zu diesen Idealbedingungen gesellt sich der Umstand, dass die Orte Juist und Loog in der geografischen Mitte der Insel liegen. Man kann von dort aus also auf Wandertour gehen und hat immer nur die halbe Länge des Eilands zu bewältigen – wobei man natürlich auch die Rückroute nicht vergessen darf. Ein großer Teil der Inselbesucher unternimmt seine Wanderungen am Wassersaum entlang, wo man die Nordsee ja wirklich hautnah erleben kann.

Von Abstechern in die **Dünen** sehe man ab. Das ist aus sehr berechtigten Gründen untersagt, denn das Zertrampeln der dortigen dünnen Vegetation (Strandhafer) führt zur Zerstörung des Dünengürtels, der für die Existenz der Insel überlebenswichtig ist. (Man sieht jedoch massenweise Leute, die sich zu sagen scheinen: „Das gilt aber nicht für uns".)

Die Dünen kann man übrigens an allen Stellen überqueren, wo ein Doppelbalkenkreuz einen zulässigen „Abgang" anzeigt.

Innerhalb der Insel selbst kann man auf den kraftverkehrslosen Straßen zum **Flugplatz** hinauspilgern, wo es immer Action zu sehen gibt, oder in westlicher Richtung bis zur Domäne Bill. Auf halbem Weg dorthin bietet sich eine Rundtour um den Hammersee an, die auf einem der schönsten Wildnispfade aller Nordseeinseln entlangführt. Der schmale Trail ist herrlich verwachsen und streckenweise richtig dschungelartig, und bei Ausblicken auf den See offenbart sich ständig eine lebendige Vogelfauna.

Und überall auf der Insel wachsen einem ab Spätsommer die interessantesten **Wildpflanzen** praktisch in den Mund (siehe auch Exkurs „Juister Früchtecocktail"), so dass man – außerhalb von naturgeschützten Gebieten, versteht sich – eigentlich immer etwas zu naschen hat.

Zulässiger Dünenübergang

027jurh

Windsurfen

Der Juister Brettlspaß findet auf der Wattenmeerseite statt. Im Juli und August kann man's dort, vom Yachthafen ausgehend, auch **erlernen.**

- **Info:** in der Windsurf- und Segelschule Juist am Yachthafen Ost, Tel. 0151-10516259.
- **Preise:** Ein achtstündiger Grundkurs kostet 189 € plus 25 € Prüfungsgebühr. Der Grundkurs Kite-Surfen umfasst 8 Stunden und kostet 249 €. Kiten findet nahe des Hauptstrandes statt.

Ab geht die Post

Strände

„Der schönste Strand der Welt“ – so nennen viele Juist-Besucher die 17 km weißen Sandes, die sich an der Nordküste der Insel fast genau von West nach Ost dahinziehen. Das Urteil stellt unter Beweis, dass die Juroren die meisten anderen Strände der Erde noch nicht gesehen haben. Doch mit **zu den schönsten Stränden Europas** gehört die Juister Wasserkante allemal, schon weil die Verlagerungsverhältnisse der Insel das Anlegen von **Buhnen** (uferbefestigenden Steindämmen) unnötig machen. (Links und rechts, auf Borkum und Norderney, ist hingegen alles voll davon.) Wenn man bedenkt, dass all diese Pracht dem Industriekoloss Deutschland vorgelagert ist, so kommt man in der Tat nicht umhin, selbst in weltweitem Vergleich lobende Worte auszusprechen.

Und noch etwas: Weil Juist gerade im Ortsbereich so ein extrem schmales Hemd ist, liegt der Strand **immer nur ein paar Schritte entfernt.** Das macht die Insel wirklich schon ein wenig speziell.

Da es so viel Sand gibt, darf man hier, des Deutschen liebstes Tun am Strand, ungehemmt **Burgen** aufwerfen, was auf den Nachbarinseln zumindest mit Stirnrunzeln quittiert wird. Einmal im Sommer bauen ganze Scharen von Schauflern unter Anleitung von Wattführer *Heino* sogar ein riesiges Sandschiff, das anschließend in den Fluten untergeht! Nur das **Eingraben von Strandkörben** wird ungern gesehen, weil die Möbel anschließend wie einzementiert festsitzen. Das Wühlen in den Dünen ist auch nicht erlaubt – das dürfen nur die Kaninchen.

Bewachte Strände

Die in der Saison (Mai bis September) von Rettungsschwimmern bewachten offiziellen Badestrände **West- und Ostbad** liegen direkt vor dem Ort und sind für jedermann zugänglich, ohne dass eine Kurkarte vorgezeigt oder ein Klingelbeutel gefüllt werden müsste. Ein weiterer bewachter Badestrand – **Loogbad** – ist dem Loog vorgelagert.

Ob jedermann und -frau Freude daran empfinden mag, nur unter den Augen eines strengen Wächters baden zu dürfen, und das auch lediglich in fest abgesteckten Arealen und zu fixierten „Badezeiten“? Überall sonst ist es „verboten“. So will es jedenfalls die **Juister Badeverordnung,** mit der es im 19. Jahrhundert schon Ärger gab (s.u.). Und wer sich ihr widersetzt, kann noch heute brachial aus der See gezerrt und des Strandes, ja, sogar der Insel verwiesen werden! Hintergrund ist, dass das Baden in unbewachten Strandarealen tatsächlich gefährlich sein kann (s.u.) Und man hat natürlich Angst, in negative Schlagzeilen zu geraten, falls einmal ein Schwimmer auf Juist verunglücken sollte. Das ist nämlich schlecht fürs Geschäft. Dafür muss man Verständnis aufzubringen versuchen.

- In der Saison werden die Badestrände 8–18 Uhr bewacht. Die DLRG-Flagge wird dann aufgezogen. Die Badezeit an sich umfasst 2–4 Stunden pro Tag, ist abhängig vom Wasserstand und deshalb irgendwo im Zeitraum von 8–18 Uhr angesiedelt. Die genauen Zeiten stehen im „Strandlooper" unter „Hochwasserzeiten".
- Bei einem **Badeverbot außer der Reihe** wird die Juist-Flagge durch eine rote Fahne ersetzt. Dies kann bei aufziehendem Gewitter, Sturm oder anderen Gefahren (z.B. Treibholz) passieren.

Rettungsschwimmer halten Wacht

024ju rh

Juister Badeverordnungen

Die Badeverordnung vom 17. Juli 1882:

- „**§1:** Der Badeplatz der Herren ist von dem der Damen getrennt; beide Plätze sind durch Tafeln mit,Herrenstrand' bzw.,Damenstrand' bezeichnet. Der Raum zwischen beiden Tafeln darf zum Baden nicht genutzt werden.
- **§2:** Während der Badezeit ist der Aufenthalt auf dem Strande und den überliegenden Dünen von 800 Metern westlich des westlichsten Zeltes bis 800 Meter östlich des östlichsten Zeltes verboten. Innerhalb dieses Raumes dürfen nur die Herren mit ihren Gehilfen bzw. die Damen mit ihren Gehilfinnen auf den ihnen nach §1 angewiesenen Plätzen sich befinden.
- **§3:** Knaben, welche das 8. Lebensjahr zurückgelegt haben, dürfen an den Damenbadestrand nicht mitgenommen werden.
- **§4:** Jeder Badende, welcher die aufgestellten Badezelte benutzt, hat sich durch eine von dem Badekassenführer gehobene Badekarte bei der Badedienerschaft zu legitimieren.
- **§5:** Die Badenden haben den Anweisungen der Badedienerschaft unweigerlich Folge zu leisten, widrigenfalls ein Strafgeld von 8 guten Groschen zu Gunsten der Armenkasse Juist erhoben werden kann. Zuwiderhandlungen können auch den Ausschluß vom Wiederbaden nach sich ziehen."

1904 ging es eher noch keuscher zu. Sogar die Farbe des Badeanzugs war jetzt vorgeschrieben. Ein Auszug:

- „Die zu benutzenden Badekostüme sowohl für Erwachsene als auch für Kinder und etwaige Begleitpersonen müssen hinsichtlich Form und Farbe den im Geschäftszimmer der Badeverwaltung bereitliegenden Modellen entsprechen." Und: „Am Familienstrand müssen alle Badenden einen Badeanzug tragen, der den Rumpf vom Hals bis zum Knie umschließt und aus undurchsichtigem Stoff hergestellt ist."

Später setzte die Juister Badeverwaltung noch eins drauf: „Wir werden von einer kleinen Anzahl von Kurgästen gebeten, darauf hinzuweisen, dass es Anstoß erregt, wenn kleine Kinder, auch solche im zartesten Alter, vollständig unbekleidet am Badestrand herumspielen und baden. Die verehrten Eltern werden gebeten, hiervon gütigst Kenntnis zu nehmen. Auch erregt es das Mißfallen dieser Kreise, dass die Spiele im Badeanzug vor und nach dem Baden stellenweise etwas ausgelassen sind. Ein gewisses Dämmen der Freude und Ausgelassenheit wird von ihnen dringend erwünscht ..."

Unbewachte Strände

Natürlich wird aber entgegen aller dieser Reglementierung auch **außerhalb der abgesteckten Reviere und Zeiten** gebadet, „wo es keiner sieht"; die Juister selbst tun's auch.

Das geschieht dann eben „auf eigene Gefahr", wie es in der deutschen Sprache so unglücklich heißt. Aus gegebenem Anlass sei jedoch darauf hingewiesen, dass diese **Gefahr** sehr real ist. Vor der gesamten Juister Strandlinie ziehen sich Sandbänke entlang, und in den dazwischen liegenden Rinnen entwickeln sich vor allem bei ablaufendem Wasser und heftigem Wellenschlag **sehr starke seewärts gerichtete Strömungen.** Gegenanschwimmen zwecklos! Wer auf die offene See getragen wird, hat unter Idealbedingungen allenfalls ein paar Stunden Überlebenschancen – die Institution der Rettungsschwimmer hat durchaus ihre Berechtigung!

FKK

FKK **gibt es auf Juist nicht.** In ferner Dünenwildnis wird schon mal blank gezogen, doch die Praxis ist eher selten auf der Insel.

Auch mit FKK-Anhängern gab's **im 19. Jahrhundert** übrigens schon Zoff. „Wir wollen nackt baden, der Badeanzug schädigt

029ju rh

die Gesundheit!", lehnten sich die Freunde des Nacktbadens gegen bürokratische Bevormundungen auf. Und sie meinten: „Kommt man aus dem Wasser, unterkühlt der Körper im nassen Badezeug und man wird krank." Andere mutmaßten sogar, „dass man im Badeanzug nicht schwimmen kann und leicht ertrinkt." Aber die Textil-Liga setzte sich durch; es blieb bei „FKK njet" auf Juist.

Strandkörbe

Das ganze Strandmobiliar, zu dem außer den Körben auch Strandzelte (muschel- oder kastenförmige Leichtkonstruktionen) und Strandstühle gehören, kann man **nur direkt an den Badestränden mieten.** Vorbestellungen sind nicht möglich; wer zuerst kommt, mahlt zuerst. Das ist eigentlich ganz vernünftig, denn dadurch entfällt ein erheblicher und verteuernder Verwaltungsaufwand. Viel billiger als auf den Nachbarinseln sind die Gerätschaften dann aber doch nicht.

Preise für Strandmobilar

	Strandzelt	Strandkorb	Strandstuhl
1 Tag	6 €	9 €	3 €
1 Woche	23 €	45 €	10 €
2 Wochen	42 €	85 €	16 €
3 Wochen	60 €	120 €	24 €
4 Wochen	78 €	150 €	30 €

Strand-toiletten

An allen **Übergängen zu den Badestränden** stehen Toilettenhäuschen, damit die verehrten Gäste nicht ihr Geschäft in den Sand oder in die See verrichten. Selbst **Fußwaschanlagen** sind überall vorhanden, sodass man nicht mit sandigen Füßen in die Schuhe schlüpfen muss, und alles ist in mustergültigem Zustand.

Das **schönste Klohäuschen** steht am Strandübergang „Siedlung" zwischen Juist-Ort und dem Loog. Grün und putzig ist es und wahrhaft einladend – was ja auch der Sinn der Sache ist.

< Freiheit, die ich meine ...

Baden ohne Quallenqualen

Es gibt Tage, da liegt alle paar Meter eine gestrandete Qualle auf dem Trockenen. „Iiihhh!" rufen viele Badegäste dann, vor allem wenn sie versehentlich auf das glibbrige Untier treten. Und für die meisten steht fest: Das ist eine „Feuerqualle"!

Ist sie aber nicht. „Feuerquallen" – portugiesische Galeeren – treten nur ganz selten mal im Sommer auf. Sie zeigen ein blaues, blasiges „Segel" an der Oberfläche und ziehen meterlange, haardünne Fangfäden hinter sich her, die bei Berührung in der Tat feurig ziepen und Badenden, die auf Nesselgifte ungünstig reagieren, böse zu schaffen machen können.

Kollisionen mit Galeeren kommen jedoch kaum einmal vor. Außerdem ist mit Sonnenöl eingeriebene Haut, wie jüngste Forschungen gezeigt haben, gegenüber den Nesselfäden sehr unempfindlich. Bei einem etwaigen Kontakt verlasse man ohne Panik das Wasser und begebe sich rasch zu einer Strandwärterbude. Dort gibt es Essig zum Einreiben, ein (fast) perfektes Gegenmittel. Anhaftende Tentakelreste nicht mit Sand abreiben oder Süßwasser spülen, wie alte Anleitungen zum Teil noch empfehlen, sondern gegebenenfalls mit spitzem Finger entfernen – das Problem wird sonst verschlimmert.

Andere Quallen, die große Mehrzahl, sind harmlos, und die auf dem Strand sowieso. Bei diesen handelt es sich zumeist um Kompassquallen mit einer hübschen kreisförmigen Musterung oder auch um die bläulichen Wurzelmundquallen, die manche Witzbolde sich sogar als Sturzhelme auf den Kopf stülpen. Einen „tierquälerischen Akt" begehen sie damit nicht, denn die Gallertmonster haben ausgedient und werden auch im Wasser nicht wieder zum Leben erweckt.

Keine Angst also vor diesen Tierchen! Wir wollen Neptun danken, dass es sie überhaupt bei uns gibt und sie dieserart auf intakte Seeverhältnisse hinweisen. Und wir wollen Poseidon danken, dass bei uns keine Killerquallen auftreten wie im tropischen Westpazifik, wo manche Arten gefürchteter sind als der weiße Hai ...

030ju rh

Unterhaltung

Allgemeines

Für Leute, denen zum Stichwort Unterhaltung nichts anderes als **Lärm** einfällt, ist Juist entschieden die falsche Destination. Die große Mehrzahl der Juistbesucher hat mit Dezibeln, seien sie mechanisch, elektronisch oder sonstwie produziert, nämlich nicht das Geringste am Hut. Zwar wird von ihnen nicht im Sinne der eben zitierten Badeverordnung „ein gewisses Dämmen der Freude und Ausgelassenheit dringend erwünscht". Sie sind lediglich bemüht, mittels eines Inselurlaubs möglichst weiten Abstand zu den zahllosen, krank machenden Lärmquellen unserer überhitzten Zivilisation zu gewinnen. (An erster Stelle steht hier der Straßenverkehr, von dem sich nach einer Studie des Umweltbundesamts 50 Mio. Deutsche gestört fühlen. Mindestens 15 Prozent der deutschen Bevölkerung, darunter viele junge Menschen, gelten als chronisch lärmgeschädigt mit Leiden von Schwerhörigkeit und Tinnitus bis zu Sehbeschwerden und Herzkrankheiten. Was sich landläufig „Stress" nennt, hat ebenfalls häufig seine Ursache in der Lärmkultur.)

Diese Kurgäste haben sich gerade Juist als Reiseziel ausgesucht, weil der Insel auf Grund ihres Kfz-freien Status ein **Ruf als Oase der Stille** anhaftet, und sie werden auf ein plärrendes Kassettengerät am Strand oder im Nachbarzimmer ausgesprochen gereizt reagieren. Und dies gilt nicht nur für die oben genannten offiziellen Ruhezeiten, sondern für 24 Stunden am Tag.

Allerdings gibt's auch auf Juist Oasen mit schwerer Beschallung, nämlich die beiden Discos.

Disco

- Im **Haus des Kurgastes** wummert jeden Freitag von 19 bis 22.30 Uhr eine Jugenddisco. Der Eintritt ist frei.
- **Diskothek „Giftbude"** (Strandpromenade 7), auch anschaulich „Zappel" genannt. Geöffnet täglich (nicht im Winter mit Ausnahme von Weihnachten und Neujahr) ab 23 Uhr (außer Mo). Bis 4 Uhr jede Menge Remmidemmi: Beach-, Schaum-, Popcorn-, Schlager- und Single-Partys, Do ist Oldie Night! An Sommerwochenenden Eintritt 2,50 €.

Büchereien

- **Bücherei der Interessengemeinschaft Loog,** im Haus des Gastes (s.u.), Mo und Do 16–17.30 Uhr.
- **Katholische Öffentliche Bücherei,** Dünenstr. 11, Mo und Do 16–18 Uhr.

Häuser des Gastes

Fast alles, was mit Unterhaltung und Veranstaltungen zu tun hat, findet in diesen beiden Begegnungsstätten in Juist-Ort und im Loog statt:

- Das **Haus des Kurgastes,** Strandpromenade 5, steht oben auf der Düne beim Wasserturm und ist täglich 10–19 Uhr geöffnet, der Leseraum an Veranstaltungstagen sogar bis 22 Uhr. Hier kann man in gemütlichem Umfeld die neuesten Zeitungen und Zeitschriften lesen, kostenlos im Internet surfen, die Kinder in einem Spielzimmer (10–19 Uhr) „ruhig stellen", Tischtennis und Pool/Billard und Tischkicker spielen, Sport treiben (bei schlechtem Wetter findet das Strandsportprogramm hier statt), dem Kurorchester und Klassik-Konzerten lauschen, Kabarett, Komik und Vorträge in sich aufnehmen oder sich vom insularen Heimattheater unterhalten lassen – also eine ganz schön runde Sache.
- Im **Haus des Gastes im Loog** (Hammerseestr. 13) ist alles ein paar Nummern kleiner. Aber auch hier gibt es einen Lese- und Vortragssaal, einen Kinderspielraum, eine Leihbücherei, einen Tischtenniskeller, einen Schachraum und einen Mini-Kurgarten. Und immer wieder findet mal eine Loogfete statt, bei welcher der Musikverein Harmonia kräftig Stimmung macht, auch – oder gerade – wenn's draußen pladdert.

Heiraten

Ist Heiraten „unterhaltsam"? Nun, das sollte es aber sein! Denn es handelt sich, so die Juist-Broschüre, um „eines der schönsten Rituale, die unsere Kultur hervorgebracht hat". Auf Juist kann man dieses Ritual in urigem Ambiente zelebrieren. Bei der Planung und wenn es ernst wird, hilft das insulare **Standesamt** (Tel. 809101) weiter.

Inselfeste

Die wichtigste, mit Umzügen und viel Gewumpfe gefeierte Begebenheit ist das **Erntedankfest,** Mitte September. Auch im Mai finden jedes Jahr mehrere Sausen statt. Hinzu gesellt sich das **„Drachenfest"** in der zweiten August-Woche.

Kino

- **Filmtheater mitten im Meer:** Friesenstr. 24, Tel. 677. Täglich in der Saison 4–5 Vorstellungen. Der Eintritt beträgt nachmittags 7 €, Kinder 5,50 €, abends bis zu 8,50 €, je nach Filmlänge, falls angeboten 2–3 € 3D-Aufschlag.

Veranstaltungen

Das ganze Jahr über, vor allem in der Hauptsaison, finden **Programme** statt, um die Kurgäste zu unterhalten. Da gibt es Diavorträge, Filmvorführungen, Ausflüge, Kreativkurse, Tanzabende, Konzerte, Fragestunden, Theatervorstellungen, Lustspiele, Referate – z.B. im Rahmen der jährlich stattfindenden **Juister Gesundheitswoche** (1 Woche um den 1. Mai) oder der **Juister Maizeit** (u.a. Musik und Theater, 2 Wochen Ende Mai).

Das meiste ist **kostenlos;** manchmal wird ein Beitrag von etwa 2,50 € erhoben.

Auskunft über die Einzelheiten des Veranstaltungsprogramms geben die Info-Broschüre „De Strandlooper", das Internet (www.juist.de) und regelmäßige Aushänge.

Unterkunft

Allgemeines

Die Juister Herbergen sind allesamt sauber, solide und gut. Die nachstehend in umkreisten Zahlen angegebenen **Preiskategorien** sind unter „Unterkunft buchen" in den „Allgemeinen Reisetipps" im vorderen Buchteil erläutert und gelten für die **Hauptsaison** (1.5.–31.10.). Sie weichen zu anderen Saisonzeiten bei Hotels kaum, bei Zimmern und Pensionen wenig und bei Ferienwohnungen erheblich ab. Einzelheiten entnehme man der besagten Gastgeberliste.

„Strandnähe" sollte nirgendwo ein (womöglich preistreibendes) spezielles Kriterium sein, denn der Strand ist auf Juist immer in der Nähe.

Auch „Luxusmobiliar" wie **Farbfernseher** (gibt's überhaupt noch schwarzweiße?) ist von einer gewissen Preisklasse an heute eine Selbstverständlichkeit, ebenso Telefon auf dem Zimmer.

Die meisten Hotels bieten übrigens interessante **Pauschalprogramme** an, nach denen man immer fragen sollte.

Hotels, Mehrsterner

■ **Historisches Kurhaus/Strandhotel Kurhaus Juist******/⑤

Strandpromenade 1, Tel. 9160, Fax 916222, www.kurhaus-juist.de.

Das unter „Sehenswertes" detailliert beschriebene Sahnestück Juists ist mit 142 Betten eines der größten Hotels am Platze. Deshalb, und weil recht gediegen und anspruchsvoll, ist es auch nicht ganz billig. Den Großen mag nach Ankunft ein Spaziergang durchs Gebäude und seinen offenen Galerien anmuten. Der lieben Kleinen wird in der Nobelherberge ebenfalls speziell gedacht: Ein „Kindertreff" mit eigener Betreuung ermöglicht es den Eltern, schon mal ein Stündchen allein zu verbringen.

⊠ Das Historisches Kurhaus/Strandhotel Kurhaus Juist

HOTEL RESTAURANT
KURHAUS JUIST
KÜSTENMUSEUM
IM LOOG

■ **Achterdiek******/⑤

Wilhelmstraße 36, Tel. 8040, Fax 1754, www.hotel-achterdiek.de.

Jede Menge Komfort und Wellness bietet diese noble, behaglich hinter dem Wattendeich gelegene Klause. Für Entspannung sorgt ein Spa, eine Sauna, sogar das „römische Tecaldarium" fehlt nicht, und für die Kinder ist auch gesorgt. Keine Hunde im Achterdiek, bitte.

■ **Hotel Friesenhof*****/③

Strandstr. 21, Tel. 8060, Fax 1812, www.friesenhof.info.

Der große Bau mitten im Zentrum von Juist-Ort hat ein bisschen Wahrzeichenfunktion. 149 bequeme Betten weist der Friesenhof auf, und sie sind gar nicht mal so teuer. Nach einem ereignisreichen Dorfausflug kann man dann entweder auf der hauseigenen Liegewiese im Garten oder in der Sauna mit Dachterrasse neue Energie tanken.

■ **Hotel und Haus Worch*****/③

Friesenstr. 11 und 28, Tel. 9170, Fax 03222-1507149, www.juist-urlaub.de.

Unter drei Sternen kann man hier preiswert logieren. Außerden gibt es praktischerweise eine Naturheilpraxis im Haus.

■ **Hotel Pabst******/⑤

Strandstr. 15–16, Tel. 805420, Fax 805155, www.hotel-pabst.de.

Dicht am Übergang zum Hauptstrand und dennoch praktisch mitten im Ort gelegen ist dieses komfortable Traditionshaus. Die hiesigen Wellnessangebote, wie Thalasso, Lomi-Lomi und Ayurveda mögen nicht leicht von der Zunge gehen, lockern aber vor allem gestresste Geister auf. Es gibt auch einen 70 m^2 großen Pool und eine Spielecke für die Kleinen („Kinderparadies") und ist somit höchst „elterntauglich".

■ **Nordseehotel Freese******/④

Wilhelmstr. 60–61, Tel. 8010, Fax 1803, www.nordseehotel-freese-juist.de.

Als besondere Attraktionen bietet das Nordseehotel Beauty-, Wellness- und Kosmetikangebote im Spa, einen eigenen Sauna- und Fitnessbereich und ein großes Hallenbad.

■ **Hotel Atlantic Juist******/⑤

Wilhelmstr. 13, Tel. 921900, Fax 92190799, www.hotel-atlantic-juist.de.

Appartement-Hotel mit allerhand Leistungen wie Restaurant, Bar, Shisha-Lounge, Smoker-Lounge mit Plasma-TV und SKY-Anschluss, Kinderspielzimmer, drei Saunen, Swimm- und Dampfbad.

■ **Juister Hof******/⑤

Strandpromenade 2, Tel. 92040, Fax 920433, www.juister-hof.de.

Neben üppig ausgestatteten Appartements und einem Saunabereich, bietet dieser am Strand gelegene Komplex durch hauseigenes Restaurant Mahlzeiten von Frühstück bis Abendessen und für die gemütlichen Stunden danach auch Weine und Getränke aus der Hotelbar. Sogar für Kinder ist mit Spielzimmer, Strandspielzeug, DVDs inklusive Player und im Sommer auf Wunsch auch mit einem Babysitter-Service gesorgt.

Nicht-klassifizierte Hotels

Diese kleine Gruppe kann, zumindest zum Teil, durchaus ebenfalls Mehrsternqualität beanspruchen. Sie hat sich nur nicht bewerten lassen.

■ **Haus Talita**③
Gräfin-Theda-Str. 7, Tel. 91050, Fax 910598, www.birkleshaustalita.de.
Neu eingerichtetes Familienhotel in ruhiger und zentraler Lage.

■ **Hotel Westend**②
Wilhelmstr. 1, Tel. 208, Fax 8519, www.hotel-westend.de.
Mit 20 Betten Juists kleinstes und kompaktestes behagliches Hotelchen.

■ **Hotel Westfalenhof**③
Friesenstraße 24, Tel. 91220, Fax 912250, www.hotel-westfalenhof.de.
Zentral und dennoch ruhig gelegen. Angeschlossen ist das Appartementhaus „Heimburg" am Kurhausgarten.

Hotel-Pensionen

Dreizehn Klausen dieser Kategorie existieren auf der Insel. Sie unterscheiden sich von den nachstehenden Pensionen durch ein aufwendigeres Ambiente und ein generelles Angebot von **Halbpension;** Vollpension gibt es dagegen nicht mehr.

Auch die **Preise** sind nicht gerade niedrig, obwohl man ab 32 € eine ÜF-Unterkunft findet. Im Mittel liegen die Preise für ÜF in diesen Häusern bei 50 €. Für 53 € gibt es in der **Villa Charlotte,** Wilhelmstr. 9 (Tel. 216, Fax 1790, www.villacharlotte.de) allerdings bereits Halbpension. Außerdem logiert man in einem ausgesprochen hübschen Haus aus der Gründerzeit, in dem Wirtin *Inka Extra* willkommen heißt.

Pensionen

Diese Klasse von Unterkünften umfasst in der Gastgeberliste immerhin zwei Seiten. **Preise** schließen Frühstück (hier und da Büfett) ein. Sie starten bei 31 € (**Haus Frisia,** Herrenstrandstr. 1, Tel. 476, www.haus-frisia-juist.de) und setzen sich über ein Mittelfeld von 40 € in höhere Sphären von über 50 € fort.

Pension mit Küchenbenutzung

Nur noch eine von diesen gemütlichen Einheiten gibt es auf Juist. Man muss schon ein paar Abstriche machen (Etagendusche, einfache Küche), und natürlich gibt es auch kein Frühstück. Dafür ist der **Preis** niedriger. Im **Haus Oldenburg,** Hammerseestr. 39, Tel. 1438 sind es 25 €.

Bester Werbespruch des Gastgebergewerbes

„Wir haben wegen Urlaub geöffnet" – Christian und Heidrun Arneke, Dünenstr. 6, Tel. 333.

Fewos

Wie auf allen Inseln, stellen die Ferienwohnungen und -häuser auch auf Juist die **große Masse der angebotenen Unterkünfte** dar.

Man muss sich hier etwas ans Rechnen machen, um die Pro-Kopf-Preise zu ermitteln und kommt unter Umständen auf einen ganz guten Schnitt. Auf die Saison achten, die gerade bei diesen Herbergen für erhebliche Variationen sorgt, mitunter im Verhältnis 1:2.

Hospiz

Das „Inselhospiz der Lippischen Landeskirche, eine evangelische Freizeit- und Begegnungsstätte" hat in der Dünenstr. 15 (Tel. 1076, Fax 1813) einen größeren Beherbergungskomplex mit Pensionsbasis. Ideal für **Familien mit Kindern.** Mit „Hospiz" ist in diesem Fall nicht ein Haus zur Begleitung von Sterbenden gemeint, sondern die ursprüngliche Bedeutung des Wortes, nämlich schlicht „Herberge" und um genau das zu demonstrieren, wird eine etwaige Namensänderung nicht in Betracht gezogen.

Jugendbildungsstätte

Diese ungewöhnliche Einrichtung liegt direkt östlich des Flugplatzes und bietet Platz für 60 Gäste (Vierbettzimmer). Zentrales Thema der „Jubi" ist **Erlebnispädagogik.** Allerdings nicht nach dem Muster, straffällig gewordene Sorgenkinder mittels schöner Reisen zu belohnen und auf Resozialisierung der Delinquenten zu hoffen. Im Gegenteil.

Das **Konzept** der von großen deutschen Industrieunternehmen gesponserten Stätte ist, motivierte junge Männer und Frauen mit Zukunftspoten-zial an verantwortungsvolle und sozial integrierende Aufgaben heranzuführen und über handlungsorientierte Projekte und aktive Erlebnisse dieses Potenzial zu fördern und zu vertiefen.

Die 16-tägigen **Kursprogramme** beinhalten (im Sommer) Flugschulung in Motorseglern, an der Jungvolk ab 13 Jahren teilnehmen kann. Lizenzen können, schon wegen der Kürze des Programms, zwar nicht erworben werden. Darum geht es auch weniger, sondern um das Erlernen von Teamfähigkeit, Planungskompetenz und die sichere Handhabung komplexer Situationen. Andere Lehrfächer schließen Ökologie, Fotografie, Musik, Flugmodellau und Bildnerisches Gestalten ein.

■ **Info:** Jugendbildungsstätte Theodor Wuppermann e. V. Juist, Flugplatzstr. 31, Tel. 213, Fax 1292. Anzusprechen ist *Hans Kolde,* Mitinitiator der Einrichtung und sozusagen ihr Übervater, oder *Herr Wellhausen.*

412ju ff

Jugendherberge

Die **DJH Juist①** befindet sich im Loog. Der Doppelkomplex mit 294 Betten zählt zu den größten Einrichtungen dieser Art in Deutschland.

■ **Info:** DJH Juist, Loogster Pad 20, Tel. 92910, www.djh-juist.de
Der Belegungsstatus lässt sich auch über die Verbandszentrale in Bremen in Erfahrung bringen: Tel. 0421-598300, Fax 5983055, service@djh-unterweser-ems.de.

Seeferienheim

Der Ferien- und Freizeitdienst der Vereinigten Kirchenkreise Dortmund betreibt auf der Insel einen aus drei Häusern bestehenden „Seeferienheim"-Komplex an der Billstraße (fast genau mittig zwischen Juist-Ort und Loog). Zu der aus einem Jugendferienlager des Jahres 1925 hervorgegangenen Heimanlage zählen das **„Dellerthaus"** für Schulklassen und Kindergruppen, das daneben gelegene **„Dünenhaus"** für erwachsene Gäste (Familien-, Doppel- und Einzelzimmer) sowie das in 200 m Entfernung vom Hauptkomplex gelegene **„Haus Seefalke"**, eine etwas kleinere Einheit mit EZ und DZ.

■ **Info:** Tel. 0231-8494-190 (Fax -359).

Camping

Auf Juist gibt es **keine Zeltplätze** oder sonstige Kampiermöglichkeiten.

Achtung: **„Wildes Kampieren"** ist strikt untersagt und wird empfindlich bestraft!

Vorbei an der Strandhalle Pabst zum Strand

416ju ff

4 Geschichte und Natur

Möwenleben am endlosen Strand

Geschichte

Der Name Juist

Über die Bedeutung des Namens Juist – ausgesprochen „Jühst" – ist einiges an **Spekulationen** angestellt worden. Sogar das lateinische „jus" (Recht) und dessen deutsche Ableitung „just" (= gerade, eben) wurden zur Erklärung herangezogen; auch altfries. „jest" (Geist). Völlig abwegig, befinden Sprachkenner.

Zu Grunde dürfte nämlich das **niederdeutsche Wort „güst"** mit der ursprünglichen Bedeutung von „trocken, unfruchtbar" liegen. Noch heute wird im Küstenbereich eine Kuh, die keine Milch gibt, als „güst" bezeichnet. Das dröge Sandeiland Juist gab, sinngemäß gesehen, auch nie Milch.

Verwandtes Wortgut existiert laut Hans Kolde vom Küstenmuseum im Schwedischen („gista") und im Keltischen („gwistu"). Der Name der felsigen und wenig fruchtbaren Hebriden-Inseln „North Uist" und „South Uist" an der schottischen Westküste gründet sich sehr wahrscheinlich auf denselben Wortstamm. Von hier ist übrigens nur ein kleiner Schritt nach „wüst" und „Wüste" – gar nicht so abwegig also.

Erste Erwähnung

Im September 1398 taucht Juist erstmalig in einer **Liste der Besitztümer** des ostfriesischen Landesherrn *Witzel tom Brok* auf, der, offenbar knapp bei Kasse, den ganzen Archipel dem Herzog *Albrecht von Bayern* als Lehen anträgt. (Das kostbare Dokument wurde erst 1982 von Hans Kolde in den Niederlanden entdeckt. Ein Faksimile ist im Küstenmuseum zu sehen.)

Von Bewohnern ist allerdings keine Rede, die Insel war **noch nicht besiedelt.** Das mag daran gelegen haben, dass Juist bis dahin nicht als festes Land konsolidiert war. Der genannten Jahreszahl waren nämlich zwei Jahrhunderte schwerer Sturmfluten vorausgegangen, und an der Küste ging es noch drunter und drüber.

Besiedlung

Schon um 1430 mag es ein Holzkirchlein auf der Insel gegeben haben. Womöglich handelte es sich aber auch um ein Seezeichen zur leichteren Befahrung der Osterems. Ein Nachweis dafür kann nicht erbracht werden, doch diesem Zeitpunkt lässt sich vielleicht eine **erste zögerliche Besiedlung** zuschreiben.

Immerhin ist zu Beginn des 16. Jahrhunderts bereits von einem **Inselvogt** die Rede, der von 1516 bis 1534 „Amtmann up de Juest" gewesen war, und 1526 werden zwei Juister Schiffer angeführt, die Handel mit Emden treiben.

1530 kommen dann (durch *Henricus Ubbius*) die bereits erwähnten **verwilderten Pferde** zur Sprache, und gleichzeitig gibt der Chronist eine ausführliche Beschreibung der weiteren insularen Fauna, die damals sehr beträchtlich war.

Von etwa 1599 bis 1628 richtete dann *Graf Enno III.* von Ostfriesland sein **Pferdegestüt** auf der Insel ein. Es existierten also schon etablierte Verhältnisse, auf welche sich erst recht schließen lässt, wenn man hört, dass es 1636 bereits „Altbauern" auf der Insel gab.

Anno 1580 werden diese Verhältnisse allerdings als „rau, primitiv und sehr handgreiflich in dieser Abgeschiedenheit" geschildert – die **Juister** gehörten nach damaligem Verständnis ganz offensichtlich nicht zu den feinsten Elementen der ostfriesischen Gesellschaft.

Morphologische Entwicklung der Insel (1550/1970)

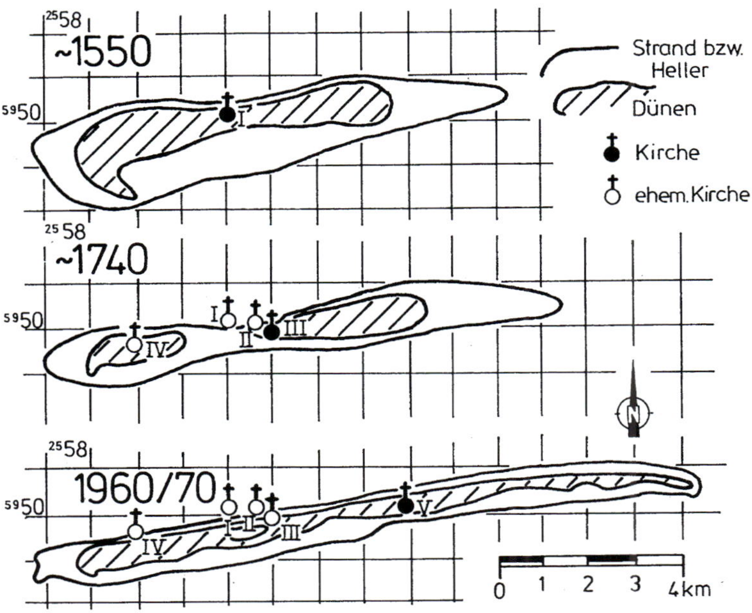

Sturmfluten

1651 wurde es noch rauer. In diesem Jahr setzte die sogenannte **Petriflut** den Juistern schwer zu, denn das damalige Dorf, Juists älteste Ansiedlung mit etwa 20 Familien, befand sich an der stark exponierten, nur durch eine dünne Dünenkette geschützten Nordküste der Insel. (Das feste Land dieses Bereichs erstreckte sich damals viel weiter nach Norden als heute; die Insel wanderte seither etwa einen halben Kilometer nach Süden und hinterließ Kleibänke, zum Teil mit Besiedlungsspuren, die bei Ebbe noch am westlichen Billstrand hervortreten.) Die erste Juister Kirche stand unmittelbar nördlich des heutigen Hammersees, und genau an dieser Stelle brach der Blanke Hans durch das Rückgrat der Insel und **zerriss das Eiland in zwei Teile.** Der Turm der alten Kirche hielt noch längere Zeit stand, doch 1660 purzelte er endgültig in die ihn umspülende See.

Die **Öffnung** erhielt den Namen Hammer oder Hammrich, mit der Bedeutung „niedriges, nasses Terrain", vergleiche auch Ammerland.

Nachfolgende Sturmfluten, namentlich jene von 1715, der die zweite Inselkirche zum Opfer fiel, **vergrößerten die Schwachstelle** im Inselgefüge unablässig. Die Megaflut von 1717 forderte

039ju rh

ebenfalls ihren Tribut, und um das Jahr 1800 trennte ein substanzieller Kanal von zwei Kilometer Breite die beiden Inselhälften.

Gut siebzig Jahre später begann man damit – zunächst von Süden her – das gefährliche **Loch zuzuschütten.** Erst 1928 nahm man auch die andere Seite in Angriff und riegelte den Norden des Hammers mit gewaltigen Sandmengen gegen die See hin ab – Juist war wieder eine Insel.

Ständige Umzüge

Die 1651 entstandenen beiden Inselhälften waren etwa gleich groß. Schon vor dieser Flut hatten die Juister, die Unhaltbarkeit des **Norddorfes** erkennend, ihre dortigen Häuser weitgehend abgebaut und waren zum Westende, auch „Bill" genannt, verzogen. Ein anderer Teil der Bevölkerung hatte sich weiter südöstlich neu angesiedelt und das sogenannte **Loogdorf** gegründet.

Alte Landspuren am Bill

Juister Kirche 1779

040ju hk

Pastor Janus schreibt einen Brief

Während langer Jahre (1771–89) seines Wirkens auf Juist hatte der Inselpastor Janus beobachtet, dass es seinen Schäfchen trotz vieler Härten offenbar gesundheitlich sehr gut ging. (Noch auf Bildern aus dem 19. Jahrhundert sind urwüchsige, knorrige und wetterharte Prachtgestalten zu sehen.) Janus schrieb diese „Wellness", wie man sie im heutigen guten Deutsch nennen würde, nicht unrichtig den heilsamen Effekten der See und der Meeresluft zu. Daraus musste sich doch etwas machen lassen! Also setzte sich der wackere Pastor Janus hin und verfasste folgendes Schreiben an seinen König Friedrich II.:

„Allerdurchlauchtigster,
Großmächtiger König!
Allergnädigster König und Herr!

Die landesväterliche Sorgfalt, die Ewr. Königl. Majestät für die Erhaltung der Gesundheit der Untertanen, und für Aufnahme des Landes selbst allergnädigst beweisen, beweget mich, hierdurch alleruntertänigst bekannt zu machen, was ich durch eigene Erfahrung als Beobachtung an anderen, von dem großen Nutzen einer Ueberfarth zu einer Insel, und dem Gebrauch eines Bades von See waßer, in der bequehmsten Jahreszeit, wahrgenommen habe.

Es ist bekannt, daß die See Luft immer mit den feinsten Theilchen angefüllet ist, welche den menschlichen Cörper so wohl durchs Einhauchen als auch von außen durchdringen, und durch die revolvirende Kraft das Unreine aus demselben wegschaffen können. Ist daher der Magen verdorben und mit überflüssigem Schleim angefület, und sind andere Hinderniße vorhanden, welche der Verdauung nachtheilig sind, so befördert die See Luft vermittelst der Überfahrt ein Erbrechen, oder resolvirt die stockenden Säfte, daß die circulation hergestellet, und ein guter Appetit erfolget. Hiervon bin ich so wohl durch Erfahrung an mir selbst als an anderen häufig belehrt worden.

Was ferner das Baden im See Waßer anbetrift, so lehrt die Erfahrung, daß es bey vielen Zufällen vortrefliche Dienste thut. In rheumativmasche Schmerzen ist das Baden in dem See Waßer und zwar an der Süd Seite auf der Insul auf dem Hef, bey der Ebbe, ein unvergleichliches Mittel, selbige zu stellen, und gäntzlich zu vertreiben. Selbst bey der eigentlichen Gicht erweiset ein solches Bad vorzügliche Hülfe, davon ein gewißer an gesehener Mann in Norden, welcher vor 3 Jahren mit dieser Maladie im Arm geplaget war, und sich auf Anrathen ddh. Dook hier badete, den erwünschten Erfolg gesehen hat. Die bloße Hin- und Herfahrt kann, wie die Erfahrung oft gelehret, einen Scorbutischen Patienten auf einmahl durch einen Ausschlag befreien.

Da nun auf diese weise in der Nähe, und mit weit geringem Unkosten zu erlangen, was man durch große Mühe und Ausgaben durch den Gebrauch des Aakner Bades und Pyrmonter Brunnens zu erreichen sucht: so hoffe ich, daß mein Vorschlag einer näheren Untersuchung wird gewürdiget, und allgemeine bekannt gemacht worden.

Die Insel Juist ist zum Aufenthalt solcher Patienten sehr bequem, nur müßten selbige wohl bedenken, daß die Monate Jun. Julius und August die eintzigen sind, da eine Reise hieher mit Nutzen vorgenommen werden kann, und vom 7.ten Jul. Angerechnet, der Fehrmann allezeit nur sicher in Norden antreffen kann.

Ich ersterbe mit tiefster Ehrfurcht
Juist d. 7. Jul. 1783
Ewr. Königl. Majestät
Alleruntertänigster Knecht
Gerhard Otto Christoph Janus"

Der Alte Fritz hat diesen Brief wahrscheinlich gar nicht erhalten oder ihn ungelesen an das Collegium Medicum der Königl. Preußischen Regierung in Aurich weitergereicht, wo man nicht geneigt war, einem vorwitzigen Inselpfäfflein Gehör zu schenken. Aber immerhin: Ein symbolischer Anstoß für das insulare Kursystem war gemacht, und dem „Badevater Janus" ist er zu verdanken.

Amtliche Notiz zum Janus-Brief, der als ältestes Dokument zur deutschen Seebädergeschichte gilt

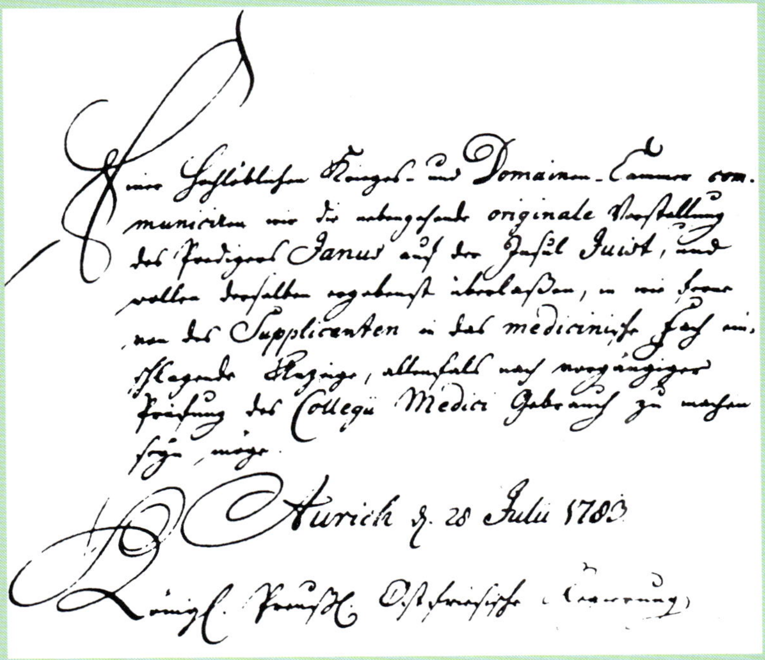

Einer Hochlöblichen Kriegs- und Domainen-Cammer communiciren wir die eingesandte originale Vorstellung des Predigers Janus auf der Insul Juist, und wollen derselben ergebenst überlaßen, ob und wie ferne von des Supplicanten in das medicinische Fach einschlagende Anzeige, allenfalls nach vorgängiger Prüfung des Collegii Medici Gebrauch zu machen seyn möge.

Aurich d. 28 Julii 1783

Königl. Preußisch Ostfriesische Regierung

Von dort lag damals das Ostende der Insel sehr nahe – ungefähr am Ostrand des heutigen Ortes Juist. Nach der Weihnachtsflut von 1717 musste das fast total zerstörte **Billdorf** auch aufgegeben werden.

Wenige Jahre später wurde am südöstlichsten Ende der Ostinsel, wo der jetzige Ort liegt, eine neue Niederlassung gegründet: das **Ostdorf.** Hier gab es alsbald Zuzug aus dem Loog, wo der immer breiter werdende Riss auch die Existenz dieses Dorfes gefährdete.

1775 war das **Dorf Juist** groß genug, um den Bau einer separaten Inselkirche zu beantragen. Selbiges tat der 1771 dort eingetroffene neue Inselpfarrer *Gerhard Otto Christoph Janus* (1741–1805), und der preußische König *Friedrich der Große,* an den die Petition gerichtet war, bewilligte sie erstaunlich schnell: innerhalb von 14 Tagen. Gebaut werden konnte zwar erst einige Jahre später, aber 1779 stand schließlich die Kirche, Juists fünfte.

Schwere Zeiten

Trotz dieser beeindruckenden Neuerung ging es der von Sturmfluten gebeutelten Insel im 18. Jahrhundert alles andere als gut. Der versalzene **karge Sandboden** gab nichts her, und die ständige Bedrohung durch die See wirkte sich auch wenig befruchtend auf prospektive Ansiedlungen aus.

Die Insulaner mussten sich umorientieren, und sie fanden ihre neue Bestimmung als **Seefahrer.** Eine Anzahl Juister heuerte als Matrosen auf Handelsschiffen an, andere versuchten auf Walfängern ihre Fortüne.

Weiteren gelang der Sprung in die Selbstständigkeit. 1749 zählte die Gemeinde Juist immerhin **32 Schiffseigner,** genau ein Zehntel der Gesamtbevölkerung. Und 1756 heißt es: „...von keinem Orte dieser Provinz [Ostfriesland] fahren so viele und schwere Schiffe als von Juist, ausgenommen die Stadt Emden.“ Ab 1720 wurde per fürstlichem Dekret sogar eine regelmäßige Verbindung nach Norddeich geschaffen, um Post und „Befehle“ zu befördern. Der ökonomische Miniboom hielt indes nicht an, schon weil die Nordsee von Kriegshandlungen (zwischen England und den Niederlanden) überzogen wurde. Vom genannten Jahr an geht es mit der Anzahl der Schiffe kontinuierlich bergab, bis 1798 nur noch elf vorhanden sind.

Aber vielleicht ließ sich *Geld mit Badegästen verdienen?* Der tüchtige Gottesmann *Janus* hatte anno 1783, zehn Jahre, bevor das Konzept des „Seebades“ an deutschen Küsten überhaupt aufkam, die Idee, die Insel Juist in ein solches zu verwandeln. Und da er mit dem Alten Fritz so gute Erfahrungen gemacht hatte, richtete er sein neuerliches Gesuch an den zuvorkommenden Regenten (siehe Exkurs „Pastor Janus schreibt einen Brief").

Franzosenzeit

Der gute *Janus* war seiner Zeit also schon um einiges voraus gewesen. Doch kurz nach seinem Ableben brach für Juist erneut eine schwierige Ära herein ... Nachdem *Napoleon Bonaparte* im Oktober 1806 bei Jena und Auerstädt die Preußen besiegt hatte, wurden alle preußischen Gebiete westlich der Elbe **französisch.**

Ostfriesland mitsamt seiner Inseln fiel an das Königreich der **Niederlande,** bereits Bestandteil Frankreichs. Auf Juist musste laut einer Verfügung Nederlands gesprochen werden – was den Insulanern allerdings leicht fiel, denn ihr Dialekt war dem Niederländischen schon immer sehr ähnlich gewesen.

Anderes schmerzte stärker: So wurden Juister **Schiffe** in ausländischen Häfen, namentlich in England, als „Feinde" beschlagnahmt. Und im November 1811 erhielt Juist den Status einer niederländisch-französischen Garnison.

Die Besatzer blieben bis März 1816 und hinterließen eine **ruinierte Inselökonomie,** eine verwüstete Kirche und die Frage nach dem Verbleib fünf junger Juister, die als napoleonische Landsknechte nach Russland geschickt worden waren. Zwar hatten sich die nordseekundigen Juister Seefahrer während der Kontinentalsperre *Napoleons* fleißig als Schmuggler betätigt. Doch schon 1813 entzogen politische Veränderungen diesen Aktivitäten die Grundlage, und unter dem Strich blieb nicht viel übrig. Es wurde wieder karg auf der Insel.

Strandjer

Offenbar liegt es im Charakter der Juister, sich nach allen Schicksalsschlägen wieder rasch aufzurappeln. Das gelang ihnen schon nach der Weihnachtsflut, als, wie bereits erwähnt, plötzlich aus dem Nichts eine ansehnliche Flotte von Juister Schiffen entstanden war. Man fragt sich allerdings: Woher bezog diese vorgeblich so bitterarme Gesellschaft das **Kapital** für die „vielen und schweren Schiffe", von denen da die Rede ist? 1793 ist sogar von einem funktionierenden Sozialsystem die Rede. Wo kam das Geld dafür her?

Die Antwort ist einfach: Es lag am Strand, man brauchte es nur aufzusammeln. Von alters her galt den Nordsee-Insulanern das Motto: **„Gott segne unseren Strand!"** Gute Menschen versuchen manchmal heute diesen Schlachtruf als Gebet zu interpretieren, die jeweiligen Inseln doch bitte von Sturm und Not zu verschonen. In Wahrheit lagen ihm aber viel profanere Motive zu Grunde ...

Was havariert an den Strand trieb, war für die Bewohner aller Inseln stets **vogelfreies Raubgut.** Um die dabei ums Leben kommenden Seeleute kümmerte man sich kaum; sie hatten eben das Pech gehabt, das einem auch selbst zustoßen konnte. Unwahr ist jedoch, dass Seefahrer von Insulanern umgebracht wurden, um leichter an die Beute zu gelangen.

Schon zu einem sehr frühen Zeitpunkt sorgten **Strandvögte** dafür, dass der Landesherr den Löwenanteil des Treibguts erhielt. Die Geschichte aller Inseln ist voll von Reibereien zwischen dieser ungeliebten Figur und den Einheimischen, die sich nach

Der Untergang der „Excelsior"

Am Abend des 3. Februar 1866 geht der englische Dampfer „Excelsior", 400 Tonnen, von Hull auf eine Reise nach Hamburg. Das etwa 40 Meter lange Schiff steht unter dem Kommando von Kapitän *William Newton.* Auch dessen junge Frau *Mary Ellen* ist an Bord, außerdem 16 Mann Besatzung und sieben deutsche Passagiere.

Schon beim Auslaufen hatte es Sturmwarnung gegeben. Am Folgetag wächst der Sturm zum Orkan; die „Excelsior" kommt wegen des achterlichen Windes aber noch gut von der Stelle. Gegen 10 Uhr des 4.2. ist die Reise jedoch unwiderruflich zu Ende. Inmitten schwerer Brechseen liegt der Dampfer am Juister Billriff fest auf Grund, und ein furchtbares Drama beginnt ...

Drei der in Panik geratenen Passagiere werden beim Versuch, ein halb zerstörtes Rettungsboot klar zu machen, über Bord gewaschen und ertrinken. Die restlichen Menschen flüchten sich in den Vormast des immer tiefer absackenden Dampfers.

Am Morgen des 5. flaut der Sturm ab. Auf der Insel ist man des Unglücks inzwischen gewahr geworden, und Hilfswillige eilen aus dem Dorf herbei. Gleichzeitig fällt das Wrack der „Excelsior" bei tiefer Ebbe kurzzeitig trocken, und die Schiffbrüchigen rechnen sich angesichts der unweit gelegenen Insel und der auf ihr zu erkennenden Menschen baldige Rettung aus.

Doch auf Juist kommt man zu keinem rechten Entschluss, wie die Sache anzupacken ist. Eine Schaluppe mit fünf Mann läuft aus, sie kehrt am Morgen des 6. mit der Botschaft zurück, man hätte sich „wegen des schweren Seegangs" nicht dem Wrack nähern können. Am Abend setzt erneut schlechtes Wetter mit Hagel- und Schneeböen ein. 22 verzweifelte Menschen hängen immer noch in der Takelage des fast versunkenen Schiffes.

Am Morgen des 7. geraten zwei Boote in Sicht, die jedoch bald wieder verschwinden. Die Juister wollen ein Dampfschiff vom Festland kommen lassen. Dann stellt sich aber heraus, dass das Hilfsfahrzeug nicht einsatzfähig ist.

Der Steuermann *James Irving* beschließt, an Land zu schwimmen, „um Hilfe zu holen". Er ertrinkt bereits nach kurzer Zeit im eiskalten Wasser. Am nächsten Morgen stirbt ein weiterer Pas-

Kräften bemühten, dem Vogt die Fundsachen vorzuenthalten. Aber sofern alles seinen regulären Gang ging, erhielt jedermann seine **„Strandportion"**, wie bescheiden auch immer. Sogar dem Juister Inselschulmeister stand um 1700 ein Anteil zu, und 1779 trug eine Strandung dazu bei, dass eine neue Schule gebaut werden konnte. Ein Schelm, wer Schlechtes dabei denkt ...

Wenn es **„Schipp up Strand"** hieß, fielen die „Strandjer" wie Heuschrecken über das Wrack her. Geradezu typisch ist noch in der zweiten Hälfte des 19. Jahrhunderts das Drama, das sich um die Havarie der „Excelsior" auf Juist entspann.

sagier, später einer der Seemänner. Die Juister versuchen, ein Rettungsboot zu Wasser zu lassen, das Bemühen misslingt.

Das Morgengrauen des 9. offenbart zwei weitere Tote. Mehrere Schaluppen kommen in Sicht, keine nähert sich dem Havaristen. Am Abend stirbt einer der verbliebenen drei Passagiere.

Am Morgen des 10. ist der sechste Passagier tot. Es kommt zu Kannibalismus. Doch jetzt gelingt die Rettung. Ein Juister Boot erreicht das Wrack und übernimmt 15 dem Tode nahe Menschen. Und jetzt geht es Schlag auf Schlag. Die Schiffbrüchigen werden auf mehrere Häuser verteilt, ein Arzt wird vom Festland geholt, denn den Überlebenden geht es sehr schlecht. Außerdem schalten sich die Behörden ein.

Von Excelsior-Leuten unterschlagenes Geld der ertrunkenen Passagiere wird sichergestellt – miese kleine Querelen am Rande einer großen Tragödie. Jetzt, mehr als eine Woche nach der Katastrophe, werden auch Stimmen laut, die den verspäteten Rettungseinsatz heftig kritisieren. Auf einmal gelingt es nämlich ganzen Scharen von Schiffen, sich trotz stürmischen Wetters dem Havaristen zu nähern, um die Ladung des Wracks zu plündern. Weshalb ging das vorher nicht?

Am 24. werden zwei Fischer (aus Finkenwerder) als Plünderer verhaftet und in Norden ins Gefängnis gesteckt.

Am 25. treten neun Mann die Heimreise nach England an.

Am 26. erliegt ein weiterer englischer Seemann den erlittenen Strapazen. Kapitän *Newton* und einem Heizer müssen mehrere Zehen amputiert werden – ohne Narkose, versteht sich.

Am 5. März stirbt erneut ein Seemann.

Am 3. April reisen Kapitän *Newton* und seine Frau, die sich während des ganzen Dramas als weitaus stärkste Figur erwiesen hatte, nach England ab. Am gleichen Tag kommen zwölf auswärtige Fischer bei Bergungsarbeiten am Wrack ums Leben.

Am 21. April stellen die Norder Ärzte *Dr. Köhnemann* und *Dr. Martens* eine derart unverschämt überhöhte Rechnung für die Behandlung des letzten Überlebenden der „Excelsior", des Heizers *Philip Staff* aus, dass das zuständige Ministerium ihnen eine strenge Verwarnung erteilt. Es kommt zu einem allgemeinen empörten Aufruhr. Die Taxe wird darauf reduziert. Aber das Ende der Affäre „Excelsior" ist damit genauso beschämend wie ihr Beginn.

Das tragische Ende der „Argyra"

Auch einsatzbereite Rettungsschiffe können eine Tragödie nicht immer verhindern, wie sich im Fall der „Argyra" zeigte ...

Im Jahre 1872 war gerade das Deutsche Reich gegründet worden. Die Seeschifffahrt war zu einem hoch wichtigen Handelsfaktor geworden und ihre Sicherung entlang der deutschen Küsten ein bedeutsames Anliegen. Auf Borkum, Helgoland und Wangerooge waren deshalb bereits moderne Leuchtfeuer errichtet worden. Nur in der Mitte der ostfriesischen Inseln klaffte noch eine dunkle Lücke.

Im genannten Jahr wurde auf Norderney deshalb mit dem Bau eines Leuchtturms begonnen. Am 2. Oktober 1874 nahm der neue Wegweiser, 53,6 Meter hoch, seinen Betrieb auf. Doch ausgerechnet dieser getreue Cicerone sollte in seiner Anfangszeit ein tragisches Opfer fordern. Schon damals hielt die deutsche (bzw. preußische) Beamtenschaft, von ihrer Wichtigkeit überzeugt, gerne alles geheim, was man geheim halten konnte. Es mag an diesem Fimmel gelegen haben, dass die internationale

Schifffahrt von der Existenz des neuen Seezeichens zunächst überhaupt keine Kunde erhielt. So kam es dann am 18. September 1878 zur Katastrophe.

Der große britische Segler „Argyra“ war mit einer Ladung Häute von Buenos Aires nach Hamburg unterwegs und in die Deutsche Bucht eingefahren. Kapitän *Luckham* hatte in England Frau und Tochter an Bord genommen. Dies sollte seine letzte Reise sein. Er wollte das Schiff dann seinen (ebenfalls an Bord befindlichen) beiden Söhnen übergeben und sich nach einem Leben auf See zur Ruhe setzen.

Das Blinkfeuer, das in der stürmischen Nacht auftauchte, hielt Kapitän Luckham, der von der Existenz eines Norderneyer Leuchtturms nichts wusste, für jenes von Helgoland und setzte seinen Kurs folgerichtig auf Südost ab, um die Elbmündung anzusteuern. Wenig später saß die „Argyra“ , ebenfalls folgerichtig, am Strand von Juist auf.

Beim Versuch, die beiden Frauen zu retten, kam die gesamte Familie des Kapitäns ums Leben. Der gramgebeugte Alte begrub seine Familie und seinen Traum vom Landhäuschen – sie waren Opfer des Leuchtturms von Norderney und der Juister Sände.

Es mutet merkwürdig an, dass sich ein solches Unglück sozusagen mitten in der Badesaison an einer Stelle ereignen konnte, an der Kurgäste heute munter planschen und Windsurfer oder Seekajakfahrer in der Brandung den größten Spaß haben. Doch die Gründe dafür sind simpel. Die wenigsten damaligen Seeleute konnten schwimmen – das war etwas für die Wilden. Außerdem fehlte es an körperlicher Beweglichkeit; die Seemänner vergangener Jahrhunderte werden durch die Bank als plump und unbeholfen beschrieben.

Deshalb mussten sie sich, wie im Fall der „Argyra“, ihren offenen „Rettungsbooten“ anvertrauen, die in der stürmischen Brandung nahezu untauglich waren. Wer aus solch einer kenternden Nussschale herausfiel, war schon so gut wie tot. Noch im 19. Jahrhundert kehrte jeder dritte Seefahrer nicht nach Hause zurück. Seemann sein – das hieß, den gefährlichsten Beruf von allen auszuüben, und so ganz unriskant ist er ja auch heute noch nicht.

042ju hk

Das Ende der „Argyra“

Rettung wird organisiert

Es war nicht der Untergang der „Excelsior“, der zur **Gründung der Deutschen Gesellschaft zur Rettung Schiffbrüchiger (DGzRS)** führte, denn diese Einrichtung bestand zu diesem Zeitpunkt bereits über ein Jahr. Auslöser für deren Konstituierung war die Havarie des Seglers „Alliance“ im September 1860 vor Borkum gewesen, bei der die neunköpfige Besatzung ums Leben gekommen war. Doch die neuerliche Tragödie führte allen Beteiligten die Dringlichkeit verbesserter Rettungsmittel vor Augen, zumal die Gesellschaft in nahem Umkreis noch gar kein Boot stationiert hatte.

Heute ist das **Rettungsboot** „Juist“ im Fährhafen stationiert, und außerdem liegen **Seenotkreuzer** auf den Nachbarinseln Borkum und Norderney in Bereitschaft.

Die DGzRS hat seit ihrer Gründung im Mai 1865 Tausenden von Menschen das Leben gerettet. Und das, obwohl die gesamte Arbeit dieser insofern einmaligen Institution nur durch **freiwillige Spenden aus der Bevölkerung** finanziert wird. Jeder Inselreisende, Wassersportler und Wattwanderer könnte einmal auf sie angewiesen sein. Man sollte deshalb schon mal einen Obolus in eines der Spendenschiffchen der Einrichtung versenken. Oder einen größeren Beitrag anlegen? Konto: 1072016, Bremer Bank (BLZ 29050101). Die Spenden sind steuerlich absetzbar.

Anfänge als Seebad

1840 war es so weit: Der Traum des Pastors Janus wurde wahr, und Juist wurde Seebad. Doch die Anfänge waren noch herbe. „Im ersten Jahr überfluteten sieben zahlende Kurgäste die Insel“, beschreibt der Chronist *Troltenier* humorig den Einstieg in das neue Gewerbe. Und: „In den nächsten 18 Jahren, bis 1858, brachte das Seebad insgesamt 68 Thaler und 15 gute Groschen Gewinn für die Armenkasse ein, danach war erst mal wieder Flaute.“

Kein Wunder. Den Badegästen wurden nämlich **Strapazen bei der Anreise** zugemutet, die die meisten niemals wiederkehren ließen. In Norddeich mussten sie beschwerlich auf einen Segelkahn balancieren, der für die Überfahrt, je nach Wind und Wetter, viele Stunden, ja mitunter Tage brauchte. War Juist nass, kalt und seekrank erreicht, stieg man auf der Reede in hochrädrige Pferdekarren um – erneut eine feuchte Angelegenheit –, und auf der Rückreise spielte sich das ganze Drama dann noch mal

Küstenmuseum: Gewichtige Bademode

043ju hk

Krach um die Kurtaxe

Wie vorstehend im Zusammenhang mit der heutigen Kurabgabe erwähnt, gab es bereits im 19. Jahrhundert Krach wegen der ungeliebten Steuer. Das liest sich im Original dann so:

„In einer Richtung hat sich die Badekommission bei den Badegästen dieses Sommers ein bleibendes Andenken gesichert. Sie beansprucht von letzteren nämlich auch die Zahlung einer ‚Kurtaxe'. Der Fremde sieht nicht ein, was ihm für diese Taxe geboten wird. Fragt er aber, wofür er dieselbe zu zahlen hat, so wird ihm allenfalls geantwortet: ‚In allen anderen Bädern wird eine Kurtaxe gezahlt, also muß dies auch hier geschehen.' Die Zulässigkeit dieser Begründung und damit die Notwendigkeit der Zahlung dieser Taxe wollte aber vielen Badegästen doch nicht einleuchten, um so weniger, da die Einführung dieser Steuer von der Badekommission ohne amtliche Autorisation vorgenommen wurde. Als sie nun die Taxe zu zahlen sich weigerten, erhielten sie – Damen wie Herren – von der Badekommission, zu welcher auch der Badearzt gehört, folgendes Schreiben:

‚Nachdem Sie die Zahlung der von uns eingeführten Kurtaxe verweigert haben, ermangeln wir nicht, Ihnen hierdurch mitzuteilen, daß wir Ihnen die Benutzung unserer Badezelte nicht gestatten, auch unseren Badearzt angewiesen haben, bei etwaigen Krankheitsfällen seine Dienste Ihnen nicht zur Verfügung zu stellen.'

Diejenigen, die badeten, wichen der Gewalt und zahlten. Indessen hat der die Kurtaxe Zahlende nun auch die beruhigende Gewißheit, daß ihm eventuell ärztliche Hilfe zuteil wird, für die er dann natürlich wieder besonders zu zahlen hat.

Ein Fremder hier, der nicht badet, hat nicht nötig, die Kurtaxe zu entrichten. Er darf aber nur nicht krank werden. Geschähe es doch, so würde er nach jenem Schreiben die Hülfe des Badearztes sich vergeblich erbitten – oder er müßte alsdann vorher die Kurtaxe bezahlen. Alles dies gemäß dem angeführten Schreiben der Badekommission, welches negativ immer ein ‚merkwürdiges' bleiben wird."

Aus der „Ostfriesischen Zeitung" vom 25.7.1883

von vorn ab. Echter Abenteuerurlaub also – aber den meisten Inselreisenden stand damals gar nicht der Sinn danach.

Auch das **Baden als solches** war eine strapaziöse Angelegenheit, denn es ging folgendermaßen vor sich: „Der Herr, der sich entkleidet hat, steigt die Stufen [der Badekarre] hinunter ins Wasser, er fällt aufs Knie, wie der Soldat bei Füsilieren, lässt drei oder vier Brandungswellen über sich ergehen, und das Bad ist beendet." Und für die Nixen war dieses Ritual angesagt: „Die Dame steigt in die Fluten und taucht drei oder vier Mal in das Wasser in der Form des Hofknickses, und das Bad ist beendet." Ehefrauen, streng abgesondert, trugen dabei „schwarze, lange Beinlinge, einen Kittel aus Leinen und einen Kopfschutz aus Guttapercha" – fast schon eine Raumfahrerausrüstung.

Weiter aufwärts

Zumindest die Überfahrt wurde etwas komfortabler, als 1871 das **erste Dampffährschiff** seinen Betrieb aufnahm, wenngleich die Anlandung auf der Insel immer noch sehr mühsam war. Aber allein die erneute Anbindung Ostfrieslands an Preußen (statt Hannover) im Jahre 1866 trug zu weiterem Aufschwung bei. 1883 kamen immerhin 700 Kurgäste – die dann durch forsche Kurtaxforderungen prompt vergrätzt wurden ...

Ungeachtet dieser Widrigkeiten begannen sich **immer mehr Badegäste** für Juist zu interessieren. Im Sommer 1887 wurde bereits die magische Zahl 1000 erreicht, und zur Jahrhundertwende eröffnete man „trotz moralischer Bedenken" ein Familienbad, dessen possenhafte, heute höchst amüsant wirkende „Badeverordnung von 1882" (siehe Exkurs „Juister Badeverordnungen") immer noch Gültigkeit besaß.

Wegen des Andrangs sah man sich im Jahr 1888 bemüßigt, ein **weiteres Fährschiff** auf der Route Norddeich – Juist einzusetzen und ließ den Raddampfer „Johanna" dafür fleißig Wasser schaufeln.

Das Ausbooten war jedoch weiterhin mühselig. 1894 wurde deshalb eine **Anlegebrücke** gebaut, die 300 Meter weit zur Fahrrinne reichte, und vier Jahre später konnten Inselreisende dort in eine pferdegezogene Schienenbahn aussteigen. Im Jahr danach ratterte bereits eine Benzol-Lokomotive namens „Rickleff" über den Steg.

Vor Ablauf des Jahrhunderts entstanden mehrere **Hotels** und öffentliche Bauten, darunter das 1899 in Betrieb genommene **„Warmbad"**, in welches per Maschinenkraft Nordseewasser eingepumpt wurde und dieserart wirklich den neuesten Stand der Technik vorgab.

1906 wurde auf Norderney die **Reederei „Frisia"** gegründet, die sich hinfort der insularen Transportbelange annahm und bis heute praktisch das Monopol hält. Im Jahr darauf landeten schon 5562 Gäste auf Juist an; die Tendenz war also kräftig steigend. Im Sommer 1911 konnte man von Emden über eine tidenunabhängige Anfahrt flott nach Juist gelangen. Aber ach, das westliche Fahrwasser versandete alsbald wieder, und dann war ohnehin erst einmal Krieg, und der Bäderbetrieb versandete ebenfalls.

Kriege

Vom **Ersten Weltkrieg** bekam Juist nicht viel mit, außer dass die jungen Männer an die Front mussten und einige nicht wiederkamen. Bemerkenswert ist, dass aus dem Jahr 1916 überhaupt keine Aufzeichnungen existieren; es war also nicht viel los. 1917 dokumentiert als einsamen Höhepunkt die Landung des Luftschiffs L16 auf dem Kalfamer, um einen Kranken abzuholen – Juist war in einem schweren Winter von Eis eingeschlossen.

Nachdem dieser Krieg vorüber war, brachen für Juist, wie so oft, erneut harte Zeiten an. Zunächst musste man, weil kein Metallgeld mehr im Umlauf ist, wie Tausende andere Gemeinden in Deutschland **eigene Banknoten** drucken. Jene von Juist waren nur insofern ungewöhnlich, als sie durch ein besonders schmuckloses Design auffallen.

Auch der **Zweite Weltkrieg** begann ereignislos für Juist. Doch das sollte sich bald ändern. Weil ein „Würzburggerät", Vorläufer einer Radaranlage, in den Dünen stand, wurde die Insel ein lohnendes Ziel für die Alliierten. (Die beiden Betonsockel der Riesenantenne sind immer noch im Südosten des Hammersees zu bestaunen.) Zwischen 1940 und 1943 fanden wiederholte Bombardierungen und Tieffliegerangriffe statt; es gab Tote unter der Zivilbevölkerung. Mehrmals stürzten auch angeschossene Flugzeuge, Freund und Feind, im Bereich der Insel ab. Doch schon 1944 wurde es wieder ruhig; der Krieg war für Juist vorbei.

Nachkriegszeit

Anfang des Jahres 1945 wurden die ersten **Ostflüchtlinge,** fast 1000 an der Zahl, in die leer stehenden Gästequartiere eingewiesen. 1947 führte ein bitterer Winter zu einer schweren Kälte- und Hungersnot auf der Insel. Doch selbst in diesem Elendsjahr kamen schon wieder **14.380 Badegäste** nach Juist, die ihre Verpflegung kurzerhand selbst mitbrachten.

Angesichts dieses Booms und in sicherer Erwartung von Größerem setzte schon zwei Jahre später rege **Bautätigkeit** ein; es galt Versäumtes nachzuholen. Was in dieser und der Folgezeit

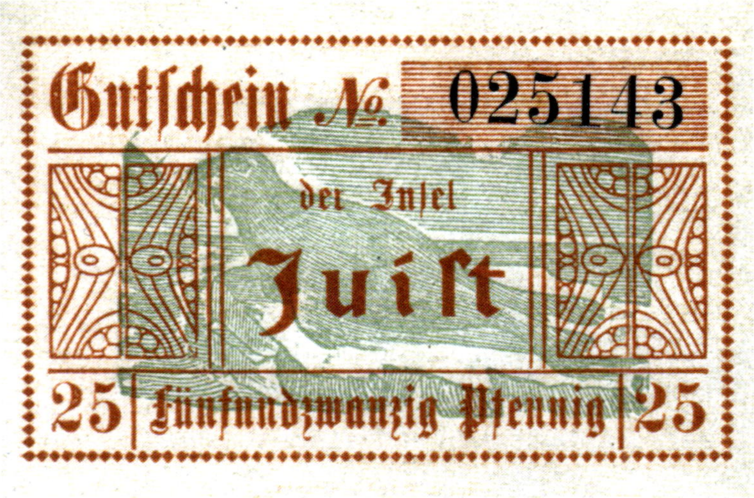

gebaut wurde, entsprach so recht dem verquasten Stil der damaligen Jahre, der heute nicht gerade als schön empfunden wird. Dennoch gelang es trotz mancher Verlockungen, ein Ausufern der Neubaumanie in Gestalt hässlicher Hochhäuser und Betonklötze zu vermeiden. „Juist City" behielt einen gewissen dörflichen Charakter, der bis heute das Bild bestimmt und zum rustikalen Reiz der Insel beiträgt.

1962 war wieder mal ein **Katastrophenjahr.** Erst führte die superschwere Sturmflut vom 16.–17. Februar zu empfindlichen Schäden an der Dünenstruktur; sogar vor dem Ort Juist dünnten die Sandbarrieren gefährlich aus. Dann schnitt meterhoch aufgetürmtes Eis im Dezember die Insel erneut von aller Versorgung ab. Doch dieses Mal sprangen Hubschrauber der Bundeswehr ein, und keiner brauchte zu darben und zu frieren.

Das Jahr 1982 läutete (gegen erhebliche Widerstände von Insulanern und Gästen) das **Ende der ehrwürdigen Inselbahn** ein. Die Bahnfahrt war trotz aller Bequemlichkeit manchmal noch ein rechtes Abenteuer, vor allem wenn der Zug bei hohen Flutständen direkt durchs Wasser fuhr. Aber vorbei, vorbei.

Juister Notgeldschein

Piraten auf der „Lita"

An voriger Stelle ist wiederholt von Plünderungen gestrandeter Schiffe auf Juist die Rede gewesen. Nun – das war „früher" geschehen, als die Zivilisation noch nicht so recht Einzug auf der Insel gehalten hatte. Aber im Jahr 1976 kam es zu einem betrüblichen Rückfall, der darauf schließen lässt, dass sich unter dem Firnis der modernen Kultur immer noch ein guter Teil der alten Mentalität verbirgt.

Bei der Ausfahrt von Norderney nach Westen erlitt der Dreimastschoner „Lita" Motorschaden und trieb auf Juist an den Strand. Da das Wetter ruhig war, wurde der Havarist für eine Nacht von seiner Besatzung verlassen, um Bergehilfe zu organisieren.

Als der Eigner – ein Musikprofessor aus Wien, der auf große Reise gehen wollte – am folgenden Morgen zurückkehrte, war die „Lita" so komplett ausgeplündert, dass von einer Weiterfahrt keine Rede mehr sein konnte. Nicht nur Insulaner hatten sich dem Beuterausch hingegeben. Auch artige Touristen waren an dem Raubzug beteiligt gewesen, um „Souvenirs" zu erhaschen. Ein Andenken von der „Lita" – welch glorioses Mitbringsel! Und nicht nur hatte man geklaut, was gerade mal handlich herumlag. Auch niet- und nagelfeste Anker, Propeller und Beschläge waren abgetakelt und fortgeschleppt worden. Selbst Küchen-, elektrische und Navigationsgeräte hatte man aus den Wänden gerissen und gestemmt, die Maschinenanlage völlig zerstört. Versteht sich, dass auch die Bordbibliothek einem neuen, wichtigeren Zweck zugeführt worden war.

Die „Lita" war nur noch eine leere Hülse, ein menschengemachtes Wrack. Der verzweifelte Professor, der seine Lebensersparnisse in den zuvor prächtigen Schoner gesteckt hatte, gab Schiff und Reisepläne auf und kehrte nach Österreich zurück, wo er, wie man annehmen darf, wenig freundliche Worte über die Nordseeküste und ihre Bewohner verbreitete.

045ju hk

„Lita" auf Strand

Es gelang, die Fahrrinne bis an die Inselküste heranzuziehen, wo gleichzeitig ein **Hafenbecken** entstand; im September 1984 wurde es eingeweiht. Die Fähren konnten jetzt direkt vor dem Ort anlegen; der alte Anleger wurde abgerissen. Dem ehemaligen Bahnhofsgebäude blieb der Name „Alter Bahnhof" erhalten; in ihm befinden sich heute das Nationalparkhaus Juist und die Gaststätte Kompass. Gleichzeitig wurde (im Wirtschaftsgebäude am Hafen) eine **Müllpressanlage** in Betrieb genommen, die allen Abfall der Insel zusammenballt; dieser geht dann per Container zum Festland auf die Reise. Wahrhaft einschneidende Neuerungen hat es seither nicht gegeben. Juist will sich eben sein milde konservatives Image erhalten. Und das ist auch gut so.

Juist heute

Panorama

Die **Fähre** läuft bei der Endansteuerung genau im rechten Winkel auf die Insel zu, und das gesamte Ortspanorama breitet sich deshalb vor den Reisenden aus. Vom grünen Deichvorland heben sich die roten Hausdächer im Hintergrund ab, und über allem thront unübersehbar weiß das neue Kurhaus mit schimmernder Glaskuppel – ein wenig wie ein „kleiner Reichstag". Das alles sieht einladend aus und kann sich sehen lassen.

Juist-City

Am „Burj Al Arab" (s. u. „Sehenswertes") vorbei, ist man schnell im Ort. Vielleicht begrüßt den Besucher fröhliche **Kurmusik,** denn gleich zur Linken am seeseitigen Ortseingang befindet sich der Kurplatz mit seinem Orchester.

Nach Erlauschen einer Kostprobe der (zumeist osteuropäischen) Darbieter treckt die Mehrzahl der von Gepäck unbeschwerten Tagesgäste auf der Direttissima via Bahnhof- und Strandstraße an die Nordseeseite. Immer auf das mit seiner Glaskuppel nicht zu übersehende **Kurhaus** zuhalten! 400 Meter sind es bis dorthin – ein paar Minuten.

Oder man tut sich zunächst ein wenig im Ortskern um, stößt (ebenfalls auf der Strandstraße) zum Rathaus (im Erdgeschoss Servicestelle der Kurverwaltung) vor und biegt auf der Friesenstraße nach rechts ab, um am „Warmbad" vorbei zum **Januspark** zu gelangen. In dieser kleinen, ruhigen Parkanlage kann man dann die erste Pause einlegen, denn man hat schon den größten Teil von Juist-City gesehen ...

Wenig Altes

Kuscheliges, an ein „Fischerdorf" Erinnerndes, gibt es auf Juist leider kaum noch. Um den Janusplatz herum stehen vier **Häuser aus alter Zeit** (zum Teil um 1800), darunter das „Haus Siebje", klein und efeubewachsen. Hier finden oft Ausstellungen von Kunsthandwerkern und Malern statt. Ein weiteres altes Häuschen gibt es im Loog, und zwar neben dem Küstenmuseum. Das hübsche Bauwerk in Blau und Weiß darf man wohl ungestraft Juists schönstes nennen. In ihm befindet sich eine **Töpferei,** die sich harmonisch in das ganze Ambiente einfügt.

„Inselgerecht dimensioniert" erscheint auch eine Gruppe von 16 Häusern aus den dreißiger Jahren im **Ortsteil „Siedlung"** zwischen Juist-Ort und dem Loog. In einige dieser Pensiönchen kann man im Winter einziehen, ohne dass Wirt oder Wirtin anwesend wären – („Schlüssel ist im Briefkasten") – was einiges über die behagliche Atmosphäre der Minikolonie aussagt.

Behaglich

Aber unter dem Stichwort „behaglich" ist eigentlich ganz Juist treffend beschrieben. Die insulare **Bebauung** beträgt, obwohl größer erscheinend, gerade mal sieben Prozent, und eine weitere Ausdehnung wird es nicht geben.

Die Zahl der **Gästebetten** liegt damit bei rund 7200, und auch bei dieser freiwilligen Beschränkung wird es bleiben (müssen); die touristische Tragfähigkeit der 1643 Hektar großen einstigen Sandbank hält sich eben in natürlichen Grenzen. Die Zahl der jährlichen Übernachtungen liegt derzeit bei knapp 900.000.

Diese Überschaubarkeit und das beschauliche Dasein ohne Kraftfahrzeuge färben offenbar ab auf die allgemeine **Stimmung.** Die Menschen erscheinen gelöst und freundlich, und wer länger als ein paar Tage dort verweilt, wird alsbald zum guten Bekannten; zum „Du" ist es dann nicht mehr weit. Aber auch für den, der solche Intimität scheut und dem allem ausweichen möchte, bietet sich immer noch der (fast) „schönste Strand der Welt" mit vielen einsamen Kilometern an.

Strandgut

Aber was hat es auf sich mit dem **Plastikmüll,** der einem immer wieder am Strand begegnet? Steht er nicht im Widerspruch zum insularen Image?

Um gar so viel handelt es sich ohnehin nicht, denn **Säuberungsaktionen**, um das Zeug zusammenzusammeln, finden täglich (außer sonntags) statt. Eine Sisyphus-Aufgabe allerdings, solange individuelles Verhalten sich nicht ändert. Ebenso ständig wird nämlich auch neu „eingetragen". Verantwortungslose Juister Badegäste sind nur zu einem kleinen Prozentsatz an diesem

Nachfüllprozess (mit den überall ausgestreuten Filterkippen zum Beispiel) beteiligt. Das meiste kommt aber aus den Flüssen und von Schiffen auf See.

Anfang 1999 erreichte eine besonders **dicke Ladung Treibgut** von der hohen See die Juister Strände. Hunderte und Aberhunderte teurer Sportschuhe trieben an und häuften sich zu großen Bergen. Aber niemand ärgerte sich über dieses Strandgut. Schnell sprach sich herum, dass linke Schuhe auf dem Loogstrand anlandeten und rechte beim Kurhaus, und ein munteres „Strandjen" und Anpassen begann. Später stellte sich heraus, dass die Schuhe aus Containern stammten, die schwere Brecher von einem Frachter geschlagen hatten und die dann aufgesprungen waren – ein ganz alltägliches Vorkommnis im Seeverkehr übrigens.

Umweltpreise

Man kann vor Ort seinen eigenen kleinen Umwelt-Beitrag leisten. Damit beginnend vielleicht, dass man sich dem **vorbildlichen Abfallvermeidungs- und Entsorgungskonzept** der Gemeinde Juist anschließt. Zu diesem gehört ein freiwilliger Verzicht auf Einweg- und Plastikflaschen und Getränkedosen, auf phosphathaltige Wasch- und aggressive Putzmittel, auf Minifrühstückspackungen sowie auf Plastiktüten im Einzelhandel. Die bisherige Mühe hat sich gelohnt. Denn nicht nur ist Juist, wie man auf den ersten Blick erkennt, ein pieksauberes Stück Erde. Zweimal gab es auch schon einen wohlverdienten Umweltpreis, und wenn's so weiter geht und alle gut mitmachen, wird es nicht bei diesen zwei Preisen bleiben.

Die Juister Natur

Nationalpark Niedersächsisches Wattenmeer

Einrichtung

Früh in den 80er Jahren des 20. Jahrhunderts zeichnete sich endgültig ab, dass die **ökologische Uhr für die Nordsee** und insbesondere ihre Küstenbereiche auf fünf vor zwölf stand; zu hemmungslos war über Generationen hinweg mit der Ressource Meer Schindluder getrieben worden.

Wie dringlich die Maßnahme war, erweist sich daran, dass das **Konzept eines großflächigen Nationalparks** selbst gegen wütende Widerstände mit höchster Priorität durchgepaukt wurde, um dem Patienten in letzter Minute unter die Arme zu greifen. Seit 1986 zieht sich deshalb ein von zahlreichen strengen Verordnungen geschütztes Watten- und Inselgebiet die gesamte südliche Nordseeküste **von Texel bis Esbjerg** entlang.

Daten

Der **niedersächsische Anteil am Nationalpark** reicht im Westen vom Dollart bei Emden bis Cuxhaven im Osten und schließt ein Areal von 2500 km^2 ein. 54 % dieser Fläche werden von der sogenannten Ruhezone eingenommen, 45% gelten als Zwischenzone und 1 % als Erholungszone (Definitionen: s.u.). Die Ruhezone gliedert sich wiederum in 36 % Vogel- und 25 % Robbenschutzgebiete.

☐ Strandgut anno 1999

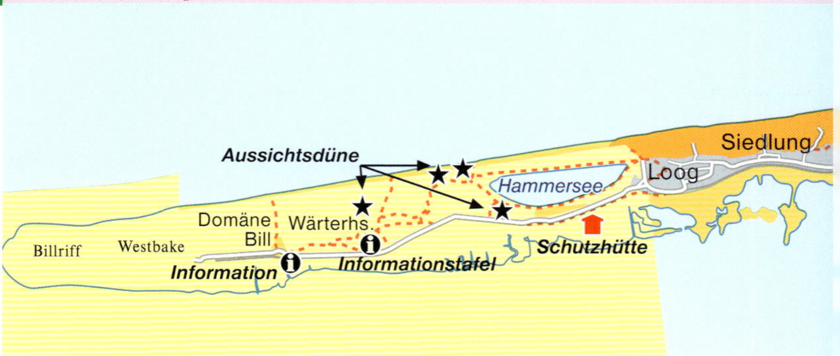

Neue Proteste

1999 wollte die niedersächsische Landesregierung ihr **Nationalparksegment per Gesetz absichern** (statt nur durch eine Verordnung). Die Inselgemeinden und diverse Lobbyisten liefen Sturm gegen das Gesetz, man zog vor Gericht. Inzwischen hat das Umweltministerium in Hannover die Sache mit zahlreichen Interessenvertretungen abgeglichen, aber gegrummelt wird trotz dieser Kompromissbereitschaft noch immer. Oft aus Prinzip, wie es scheint.

Man möchte auf den Inseln den **Naturschutz** selbst betreiben, fordern manche Verwaltungsstrategen, statt ihn der Parkverwaltung in Wilhelmshaven zu überlassen. Weil man in eigener Regie weitere Schutzgebiete schaffen möchte? Wohl kaum! Erkennbar gibt es nur einen Grund, weshalb man sich dieses sperrige Paket zusätzlich aufsatteln sollte: Man möchte den Status quo unterlaufen, um „hartem Tourismus" mehr Raum zu geben. Das kleine Baltrum, ohnehin schon massiv verbaut, bemühte sich sogar, auf gerichtlichem Wege aus dem System auszusteigen. Der Alleingang wurde von den sechs Nachbarinnen mit größtem Interesse verfolgt, aber letztendlich kam nichts dabei heraus.

Deutschland Schlusslicht

Ein Schiedsspruch im Sinne der Petentin erschien von vornherein abwegig. Deutschland steht bei der EU-Umweltkommission am Pranger, seit sich bei der **Ausweisung von Naturschutzgebieten** für das Netz Natura 2000 abzeichnete, dass die Republik mit lachhaften drei Prozent seiner Fläche zusammen mit Belgien in Europa den letzten Rang einnimmt. (Zum Vergleich: Dänemark 24, Griechenland 20, Spanien und selbst die dicht besiedelten Niederlande je 17 Prozent; allerdings muss bei der Rangordnung von unterschiedlichen Kriterien ausgegangen werden.)

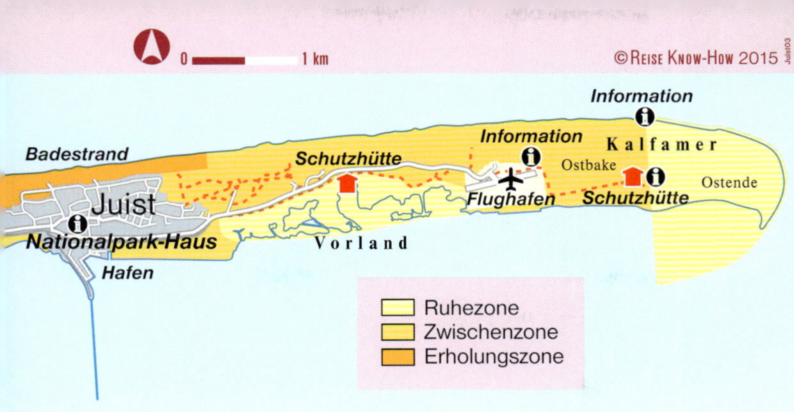

Trotz alledem kam es im Juni 2009 zum ultimativen Ritterschlag. Auch diesem waren zahlreiche Rangeleien vorangegangen, doch es half alles nichts: Das Wattenmeer der Nordsee wurde in das **Weltnaturerbe der UNESCO** aufgenommen, deren maßgebliche Entscheidungsträger sich zuvor sehr darüber wunderten, weshalb die Anrainer ein Veto nach dem anderen gegen diese höchste Auszeichnung eingelegt hatten. Jetzt ist alles wieder Friede, Freude, Eierkuchen, nachdem sich nämlich gezeigt hat, dass der neue Status durchaus finanzielle Vorteile beinhaltet, an erster Stelle in Gestalt höherer Besucherzahlen.

Weitere Informationen zum Thema erhält man von der Verwaltung Nationalpark Niedersächsisches Wattenmeer, Virchowstr. 1, 26382 Wilhelmshaven, Tel. 04421-9110, Fax 911280, www.nationalpark-wattenmeer.de.

Ruhezone

In der Ruhezone gelten die **strengsten Schutzbestimmungen,** da sich hier die empfindlichsten Landschaftsteile, Pflanzen- und Tierarten des Nationalparks befinden.

Menschliche Aktivitäten sind hier nur auf ausgewiesenen Wegen, Routen und Flächen erlaubt; ansonsten besteht ein generelles Betretensverbot. Ausgenommen davon sind gewisse althergebrachte Nutzungen durch die ansässige Bevölkerung und Maßnahmen zur Erfüllung öffentlicher Aufgaben wie Strandreinigung, Küstenerhaltung und Seenotrettungswesen.

Auf Juist gehören folgende **Areale** zur Ruhezone: der gesamte Westteil der Insel, beginnend bei der Domäne Loog und mit Einschluss der südlich und westlich gelegenen Wattgebiete, die Salzwiesen zwischen dem östlichen Ortsausgang und dem Flugplatz sowie die Ostspitze Kalfamer jenseits der Ostbake, einschließlich des südlich davon gelegenen Watts.

Verhalten im Nationalpark

- Bitte beachten Sie unbedingt die **Betretenverbots- und Hinweisschilder.** Sie erleichtern es Ihnen, sich im Nationalpark zurechtzufinden und sich dort so zu bewegen, dass Tiere und Pflanzen nicht beeinträchtigt werden.
- Die **ausgewiesenen Wege** erschließen Ihnen die Natur in ihrem vollen Reichtum, bitte weichen Sie nicht von ihnen ab. So schützen Sie die Tier- und Pflanzenwelt.
- Um die Pflanzendecke **in den Dünen** zu erhalten, sind vielerorts Stege und Wege gebaut worden. Benutzen Sie nur diese zum Spazierengehen und Wandern. Beachten Sie die markierten Dünenüberwege. Der Schutz der Dünen ist lebenswichtig für die Inseln.
- Nehmen Sie bitte besondere Rücksicht auf geschützte **Pflanzen** in den Salzwiesen. Im Nationalpark dürfen keine Pflanzen abgepflückt werden.
- Als Wanderer und als Wassersportler sollten Sie **Vogelansammlungen** meiden und sich keinen Fall mehr als 500 Meter nähern. Die Vögel werden ansonsten beim Fressen, bei der Ruhe und Rast, beim Brüten oder bei der Mauser gestört.
- Um die **Seehunde** an ihren Liegeplätzen nicht zu stören, halten Sie als Wassersportler und Wattwanderer bitte einen Abstand von mindestens 500 Metern.
- Unternehmen Sie bitte **Wattwanderungen** nur unter fachkundiger Führung – zu Ihrer eigenen Sicherheit und um unnötige Störungen zu vermeiden.
- Im gesamten Nationalpark dürfen **Hunde** nicht frei laufen. Beachten Sie örtliche Regelungen! An bestimmten Deich- und Wegeabschnitten ist das Mitführen von Hunden grundsätzlich nicht gestattet.
- Bitte füttern Sie keine **wild lebenden Tiere** wie z.B. Möwen, Enten oder Fasane.

Zwischenzone

Hier gelten weniger strenge Schutzbestimmungen. **Verboten sind alle Handlungen,** die den Charakter des Wattenmeeres einschließlich der Insel verändern, das Landschaftsbild beeinflussen und den Naturgenuss schmälern können. Dazu gehört zum Beispiel, die Ruhe der Natur durch Lärm oder andere Störungen zu beeinträchtigen, wildlebende Tiere zu beunruhigen oder sie an ihren Brutplätzen und in ihren Lebensräumen aufzusuchen, zu fotografieren oder zu filmen.

Zur **Juister Zwischenzone** gehören die südlich von Juist-Ort und dem Loog gelegenen Salzwiesen sowie der Ostteil der Insel mit Ausnahme der Ruhezonenareale und des Flugplatzgeländes.

☒ Guten Appetit!

Erholungszone

Dieses Areal steht für den **Erholungs- und Kurbetrieb** zur freien Verfügung. Es ist jedoch darauf zu achten, dass durch Sport- und Freizeitaktivitäten keine Störung der benachbarten Ruhe- oder Zwischenzonen verursacht wird.

Die **Juister Erholungszone** besteht aus den vor Juist-Ort und dem Loog gelegenen Stränden. Die jeweiligen Ortsgebiete und das Flugfeld als solches haben keinen speziellen Status.

Das Watt

Ein Blick ins Watt

„Welch herrliches Panorama!" schwärmte die Dame am Nebentisch. Vor dem Fenster zog sich in dünnem Regen der Deich entlang, eine kahle Linie. Dahinter dehnte sich unendlich eine grauschwarze Fläche, die am fernen Horizont noch grauer wurde. Aus der Düsternis tauchten dort, kaum zu erkennen, die vagen Konturen eines klobigen Kraftwerks auf, jenes von Eemshaven in den Niederlanden, gut 30 km entfernt. Herrlich! Man muss wohl schon aus zumindest hügeligen Landen kommen, um sich **für diese Flachheit zu begeistern,** die übrigens auch schon den Dichter *Christian Morgenstern* aufs Höchste verzückte ...

Die **wahren Reize des Watts,** denn von dem ist hier die Rede, liegen jedoch unter seiner Oberfläche. Dort befindet sich nämlich, kaum zu glauben, einer der am dichtesten besiedelten Lebensräume der Erde.

362ju rh

Was ist Watt?

Zunächst einmal: Was ist Watt? Man bezeichnet mit dem Wort den im Wechsel der Gezeiten überfluteten und erneut trocken fallenden Meeresboden, auf dem überdies ständige Ablagerung oder Verlagerung von Materie stattfindet. Schon dieser **Definition** nach darf man voraussetzen, dass es Watt nicht nur an der Nordsee, sondern auch vielerorts sonst auf der Welt gibt, wo Gezeiten aktiv sind. Das ist in der Tat auch der Fall. Watten finden sich sogar in exotischen Tropenländern. Doch nirgendwo anders sind sie so großflächig und spezifisch ausgeprägt wie an der Nordsee.

Man spricht von **Schlickwatten und Sandwatten;** außerdem gibt es Mischformen. Im Bereich von Juist sind beide gut vertreten. Auf Führungen hält man sich zumeist an den Sandboden, weil das Waten (ein mit Watt unmittelbar verwandtes Wort) im Schlick recht mühsam ist. Schlick nennt sich an der Küste übrigens „Gubbel", falls man den Ausdruck hören sollte und nichts damit anfangen kann.

Lebewesen

Auf den ersten Blick erscheint die weite Fläche leblos. Der zweite stößt wahrscheinlich auf wurstige Anhäufungen, die sich manchmal sogar bewegen – da lebt also etwas! Für die Haufen ist der **Wattwurm** zuständig, der unentwegt Sand durch seinen Verdauungsapparat schleust und ihm gute Sachen entnimmt. Zu diesen zählen in diesem Fall Kiesel- und andere Algen, mikroskopisch klein, aber für den Wattwurm offenbar die wahre Manna. Auch **Schlickkrebse,** selbst winzig, beteiligen sich zu Zehntausenden pro Quadratmeter Wattenboden an dieser Fressorgie. **Krabben,** „Dwarslöper" (Querläufer) auf Küstendeutsch, eilen mitunter vor dem Wattläufer davon oder verbuddeln sich im Grund. (Die scherenbewehrten Krabben sind übrigens keineswegs dasselbe wie Garnelen, „Granat" an der Küste.)

Und überall sind Muscheln vertreten. Miesmuscheln bilden vielerorts enorme Formationen; bis zu 1000 Exemplare können auf einem Quadratmeter hocken. Bei der Anlage von Muschelbänken, die oft die einzige Zufluchtstätte für anderes Kleingetier im Watt sind, hat Menschenhand übrigens aktiv mitgeholfen. Dem Juister *Heino Behring* ist hier ein besonders großes Verdienst zuzusprechen. Solche Reparaturmaßnahmen haben sich wegen schwerster Schäden durch kommerzielle Muschelfischer auch als bitter vonnöten erwiesen, sagt der Wattführer.

Außerdem gibt es im Watt **viele andere Muschelarten** wie Bohr-, Herz-, Pfeffer-, Sägezahn-, Scheiden-, Tell-, Trog- und Venusmuscheln sowie **diverse Schneckenarten und Austern.**

Und wenn ein geschulter Wattenmensch wie *Heino* plötzlich auf einem unauffälligen Fleck in den Sand greift, so holt er womöglich eine klotzige, faustgroße Sandklaffmuschel hervor, die, sofern sie nicht gerade einer Schutzzone entstammt, eigentlich eine schmackhafte Mahlzeit abgeben würde. Allerdings ...

Schadstoffe

Allerdings pumpen Muscheln täglich etwa 150 bis 200 Liter Meerwasser durch ihr System und filtern für ihre Ernährung die darin befindlichen Schwebstoffe aus. Leider aber auch menschengemachte Schadstoffe. Denn die sind nach wie vor **in allen natürlichen Kreisläufen** vertreten.

1997 kamen die Delegationen der 15 EU-Umweltministerien zusammen, um **Grenzwerte** festzulegen – als ob es sich bei dem Dreck um „Werte“ handelte. Dabei wurde die Thematik nicht nur zu einem Nichts zerredet, sondern der chemischen Industrie, allen voran der deutschen, auf Jahrzehnte hinaus ein Unbedenklichkeitszeugnis ausgestellt. Nur einige wenige Dutzend von Zehntausenden giftiger Chemikalien, die weiterhin in unsere Gewässer „eingetragen“ werden, setzte man auf eine mittelfristig gültige Prioritätenliste – die Delegierten wollten ja schließlich bis dahin ihre Einkünfte sicherstellen.

Ein „Dobbas“ von Miesmuschel!

Und im Sommer 2002 half die Natur selbst noch einmal kräftig nach. Indem nämlich die aus den Fugen geratene Elbe riesige Mengen **giftiger Sedimente** in die Nordsee schwemmte und viele Jahre Säuberungsbemühungen zumindest für einige Zeit wieder zunichte machte.

Hoch empfindliche Biotope wie das Wattenmeer leiden erkennbarer unter diesen Cocktails als robustere Organismen – wie der Mensch, dem die „toxische Gesamtsituation" eher langfristig zusetzt.

Insbesondere in **Muscheln** reichern sich die üblen Substanzen massiv an. Und natürlich sind nicht nur Mollusken betroffen. Auch für zahlreiche **Fischarten** sind die Watten sozusagen die Kinderstube, und die muss giftfrei sein. In der Endkonsequenz heißt das: Kein heiles Watt, kein Fisch. Es ist billig, die „böse" Nationalparkverwaltung für geschmälerte Fänge verantwortlich zu machen, den Chemieprodukten aber gleichzeitig Absolution zu erteilen. Denn der Fisch stinkt in der Tat vom Kopfe, und in diesem Fall besonders streng. Auch hier steht zu hoffen, dass das politische Wirken der Europäischen Union sich über die Einflüsterungen industrieller Lobbyisten hinwegzusetzen vermag.

Ein paar „Rosinen" in der Inselnatur

Bill

Bill heißt der **landschaftlich besonders schöne Westteil Juists** mit seinen vielen Dünen, der unmittelbar hinter der Domäne Loog beginnt.

Aus Juists offizieller Broschüre erfährt man, dass das **Wort „Bill"** wohl auf friesisch „Gesäßbacke" bedeutet, was allerdings ein wenig touristisch aufgemacht erscheint, damit die Gäste etwas zu lachen haben. Mit dem Begriff „Bill" könnte, siehe engl. bill = „Schnabel", im früheren Friesischen ein langes Ende gemeint gewesen sein. Bill, Biehl, Bühl und Ähnliches steht im deutschen Sprachbereich aber auch für „Hügel, Erhebung", vielleicht ein Bezug auf die hohen Dünen des Westendes. Die bewusste Backe ist ja etwas ganz eng Verwandtes.

Wie auf allen ostfriesischen Inseln ist auch das Westende von Juist **dem Zugriff der Nordsee besonders stark ausgesetzt,** denn die destruktivste Windrichtung und die gewaltsamste Wirkung der See kommen aus dem Nordwesten. Von den Schäden, die hier entstanden waren und immer noch entstehen, ist im Kapitel „Die Nordsee, Wind und Wetter" die Rede – von 1717 an rührte und regte sich jedenfalls lange nichts am Bill. Und das war

Bricht Juist wieder auseinander?

In jüngster Gegenwart ist diese bange Frage erstmalig seit 1651 erneut aktuell geworden. Denn der im Westen Juists vorbeifließende östliche Arm der Ems („Osterems") hat auf Grund großräumiger struktureller Maßnahmen im Flussbett und Mündungsbereich schon seit den siebziger Jahren des 20. Jahrhunderts zu massiven Abbrüchen im Westen der Insel geführt, die im Zusammenhang mit dem steigenden Pegel des Meeres immer bedrohlicher werden.

Vor dieser Zeit hatte sich der stets in strömender Bewegung befindliche Seesand verlässlich an den Billstränden abgelagert, um dort zu neuer Dünenbildung beizutragen. Dieser Sand setzt sich jetzt westlich des Haak in Gestalt ausgedehnter Sandbänke ab, und auch östlich des Hammersees kommt es zu einer positiven Bilanz. Dazwischen klafft eine böse Schwachstelle, die durch Sturmfluten im Februar 2000 noch schwächer wurde.

Im Sommer jenes Jahres sahen Strandwanderer an dieser Stelle riesige Maschinen Sand in die Lücke häufen. So ganz autofrei war Juist zu dem Zeitpunkt also nicht. Wenn Not am Mann ist, sind solche Ausnahmen, die zunächst bis zum Herbst 2000 andauerten, natürlich zulässig. Aber wird dies auch in Zukunft wirklich die „Ausnahme" sein?

Das Wissen der Fachleute um die Auswirkung von Küstenschutzmaßnahmen ist insbesondere im insularen Bereich äußerst dürftig. Nach dem Motto „Versuch macht klug" probiert man das eine oder andere Heilverfahren aus – vielleicht funktioniert's ja. Niemand weiß genau, wie eine hoch komplexe Strand- und Dünenlandschaft auf Fahrwasservertiefungen, Strömungsänderungen und steigende Seepegel (die in diesem Fall von beteiligten Mitarbeitern als „natürlich, aber vom Treibhauseffekt völlig unbeeinflusst" gedeutet wurden) reagiert.

Nur eines ist sicher: Die Gegenmaßnahmen, deren Ergebnisse es erst einmal abzuwarten gilt, sind verdammt teuer. So teuer, dass man im Extremfall, so ein Küstenschützer, „den Dingen ihren natürlichen Lauf lassen" müsste. Genau wie 1651? Was zu beweisen wäre.

vielleicht ganz gut so, denn die Natur konnte in den nächsten Jahrzehnten Atem holen, konnte schalten und walten, wie sie wollte.

1899 wurde das gesamte Areal auf Betreiben des engagierten Öko-Pioniers *Otto Leege* **zum Naturschutzgebiet erklärt.** *Leege* beschrieb das Terrain als „Dünenwelt von berückender Schönheit, von grotesken Formen der von grünen Pflanzenschleiern umhüllten Kuppen und Grate, weite Täler mit dichtem Gesträuch. Dazwischen der Blütenflor mit mehr als 500 Arten" – eine glühende Ode auf die Bill-Natur. Dank dieses energischen Mannes wurden auch 50.000 Bäume angepflanzt, die heute einen regelrechten (niedrigen) Wald bilden und viel zur Biodiversität des Gebiets beitragen.

Das ganze Billgebiet ist Teil der **Ruhezone des Nationalparks** und darf nur auf zugelassenen Wegen betreten werden. Davon gibt es aber eine ganze Menge, die entweder am Strand entlangführen oder gegen Ende des Areals in der „Domäne Bill" zusammenlaufen, eine einstige Meierei, die einsam in den Salzwiesen steht und heute ein beliebtes Restaurant beherbergt. Außerdem befinden sich im Bereich Bill noch eine Schutzhütte und ein Wärterhäuschen (siehe Inselkarte).

Billriff

Umgeben wird der äußerste Westen der Insel vom Billriff, einer **riesigen Fläche platten weißen Sandes,** von einigen flachen Prielen durchzogen und faszinierend in ihrer scheinbar endlos in die See hinein ausladenden Weitläufigkeit.

Im Sommer 2000 wurde hier, wie im Exkurs „Bricht Juist wieder auseinander?" beschrieben, mit schwerem Gerät der Sand für die **Dünenaufschüttungen** im Bereich der Domäne Bill entnommen, und es sah stellenweise gar nicht so gut aus. Womöglich wird bei Bedarf auch in Zukunft auf dem Billriff herumgewühlt. Doch die See glättet die Wunden hier wieder relativ schnell, und die Tierwelt des Naturschutzgebiets wird sich – hoffentlich – auch nicht auf Dauer gestört fühlen.

Bei Niedrigwasser kann man am Spülsaum entlang die sogenannte **Haak** (= „Haken") umrunden. Deutlich erkennbar sind dann Einzelheiten auf den unfernen Nachbarinseln Memmert und Borkum. Vom Hinüberschwimmen sehe man jedoch ab, denn durch die dazwischen liegenden Rinnen sausen reißende Strömungen. Außerdem ist das Betreten der Insel Memmert (s.u.) streng verboten.

Goldfischteich

Der **kleine See** liegt östlich von Juist-Ort nahe der „Wilhelmshöhe". Früher diente der Tümpel den Juistern zur Eisgewinnung. Der bereits erwähnte Lehrer *Otto Leege* erweiterte den Teich zum Biotop und legte auch ein **Wäldchen** an den Ufern an. Dort kann man heute eine gemütliche Wanderpause einlegen; nach Goldfischen wird man jedoch vergeblich Ausschau halten.

Hammersee

Mit einem Handwerkzeug hat der Name des größten Sees der Ostfriesischen Inseln nichts zu tun. Der **Begriff „Hammer"** oder „Ammer" stand früher für eine feuchte Niederung.

Der Hammer hatte sich 1651 nach einem Einbruch der Nordsee gebildet und in der Folgezeit zu einer flächigen **Salzwasser-**

lagune ausgeweitet, die Juist vielleicht noch heute zu einer interessanten Zierde als Badebucht gereichen würde – wenn das Loch nicht so verflixt gefährlich gewesen wäre.

Ende des 19. Jahrhunderts begann man deshalb damit, auf der Wattenmeerseite **die Senke abzusperren,** und ab 1928 wurde auch der Nordseezugang zugeschüttet. Die jeweiligen Dünenwälle verschmolzen seitdem völlig mit der Natur und sind heute in keiner Weise mehr als Menschenwerk zu erkennen.

Durch Zufluss von Regen und Grundwasser hat sich der Hammersee seither zu einem **einzigartigen Biotop** entwickelt, das zahllosen Tieren und Pflanzen als Habitat dient und unter strengem Naturschutz steht. In nicht allzu ferner Zukunft wird der Tag kommen, an dem der allmählich zuwachsende See endgültig verlandet und zur Gänze ein Flachmoorgebiet bildet. Er dürfte dann noch mehr biologische Vielseitigkeit als jetzt aufweisen – eine weitaus größere Bereicherung für die Insel als eine touristischen Rummel einladende Badebucht es je hätte sein können.

Verlandender Hammersee

365ju rh

Juister Früchtecocktail

Die wildwachsende Juister Vegetation weist mehrere Pflanzenarten auf, deren Früchte nicht nur essbar, sondern sogar ausgesprochen nützlich und gesund sind. Ab Spätsommer reift dieser Früchtecocktail heran und verlockt zum Verzehr.

Nun soll an dieser Stelle keine Anregung zu einer „Survival-Übung" gegeben werden. Der überwiegende Teil der nachstehend aufgezählten Pflanzen steht nämlich in der Ruhe- und Zwischenzone, und dort darf man halt nicht mit der Sammelkiepe auf Tour gehen. Sie seien jedoch hier aufgeführt, weil Kinder schon mal spielerisch von dem appetitlich erscheinenden Angebot Gebrauch machen mögen. Dann breche man nicht in helle Entsetzensschreie aus und erspare sich auch den Ruf nach der Rettungswacht und der Magenpumpe. Die lieben Kleinen tun sich mit ihrer Nascherei eher einen großen Gefallen, denn schon ein paar Happen der aufgeführten Früchte bringen einen kräftigen Vitaminschub. Nicht einmal unter Umweltbelastungen, wie so viele Festlandspflanzen, leidet die Juister Vegetation. Das einzige „Pestizid", das Schädlinge von ihr fernhält, ist die salzige Nordseeluft.

- **Äpfel:** Vielerorts steht alles voll ausgewilderter Apfelbäume mit jeder Menge Früchte. Da kann man ruhig einmal zulangen, zumal einem die Äpfel stellenweise praktisch in den Mund wachsen oder den ganzen Boden bedecken.
- **Brombeere:** Das Dornengestrüpp wächst überall. Die Beeren sind unbedenklich essbar.
- **Hagebutte:** Sowohl die kleinen, länglichen und bei Reife tiefroten Früchte der Heckenrose als auch die knolligen, dunkelrosafarbenen Hagebutten der Kartoffel- oder Kamschatkarose können ohne weiteres gegessen werden. (Wegen der dicken Früchte nennt sich die Pflanze auch Apfelrose.) Sie stecken voller Vitamin C. Die kleinen, kratzigen Kerne benutzen Kinder immer schon gerne als Juckpulver.
- **Holunder:** Sehr häufig. Der Verzehr reifer Beeren ist unbedenklich, doch grüne Früchte sind giftig.
- **Krähenbeere:** Gedeiht im Heidebereich der Dünen. Niederer Strauch mit schwarzen Früchten von Blaubeergröße. Nicht besonders schmackhaft, aber essbar und vitaminreich.

- **Kr(o)atzbeere:** Diese Frucht ist mit der Brombeere eng verwandt und unterscheidet sich von dieser nur durch einen matten, bläulich schimmernden Überzug. Essbar und gesund.
- **Rot- und Weißdorn:** Busch oder kleiner Baum mit hagebuttenartigen Früchten, rot bei Reife. Die Beeren gelten als herzstärkend, sie sind jedoch so gut wie geschmacklos.
- **Sanddorn:** Juist ist die Insel des Sanddorns. Sogar in den Ortsgebieten gedeiht diese urige Pflanze. Es handelt sich um einen niedrigen Busch mit graugrünen Blättern und großen Mengen kleiner Beeren, die sich bei Reife orangegelb färben. Man kann sie direkt vom Busch naschen; sie sind allerdings teuflisch sauer. Oder man übergießt eine Hand voll zerstoßener Beeren mit kochendem Wasser und erhält einen schmackhaften Früchtetee. Sanddorn strotzt vor Vitamin C und weist überdies in reichlichem Maß das „Fleischvitamin" B12 auf, das einem die Zufuhr von Buletten erspart. Eine sehr gesunde Sache also. Aus den Beeren werden deshalb auch diverse Produkte wie Säfte und Marmeladen hergestellt.

Lecker, lecker: Hagebutten

366ju rh

Kalfamer

Kalfamer nennt sich das Ostende der Insel. Der Name beinhaltet das **Wort „Kalf“** (= Kalb), ein Hinweis darauf, dass hier einst Vieh graste – wahrscheinlich aber erst gegen Mitte des 18. Jahrhunderts, denn vorher lag der östlichste Punkt der Insel weitaus westlicher. Auch das Anhängsel „-amer“, dessen Bedeutung uns bereits beim Hammersee begegnete, taucht hier wieder auf: niedriges, nasses Terrain.

Der Kalfamer ist ein **Tummelplatz für große Teile der insularen Tierwelt.** Tausende von Vögeln machen hier Station zum Brüten und Rasten, und die Sände sind häufig mit Seehunden gefleckt – Natur pur. Versteht sich, dass man als Tourist in dieses heile Biotop nicht einfach hineintrampeln darf.

Der Kalfamer gehört zur Ruhezone des Nationalparks und darf in der Zeit **vom 1. April bis 31. Oktober grundsätzlich nicht betreten** werden. (Ausgenommen sind geführte Exkursionen.)

In der übrigen Zeit ist eine Durchwanderung des Gebiets auf dem einzigen zugelassenen **Weg** gestattet. Dieser Pfad ist vor Ort nicht gekennzeichnet und führt im Süden nahe an den Dünen vorbei. Man sollte seine Rundwanderung nur bei Niedrigwasser machen, um einen möglichst großen Abstand zu den Vogelkolonien zu wahren.

Unmittelbar an der westlichen Grenze zum Kalfamer steht eine **Info-Hütte,** die während der Sperrzeit von **Wärtern** besetzt ist. Es handelt sich um junge Männer, die Zuwiderhandelnden unmissverständlich die Meinung geigen und sich deshalb unterschiedlicher Beliebtheit erfreuen (ein Juister Oldtimer: „Haschbrüder“; *Hans Kolde* von der Jugendbildungsstätte: „großartige Kerle“). Sie haben im Sommer ganz gut zu tun, denn das Betretensverbot am Kalfamer scheint viele Besucher unwiderstehlich zu verlocken, in das Gebiet – möglichst noch mit frei laufendem Hund – hineinzustreunen.

Memmert

Die etwa 120 Hektar große **„Vogelinsel“** Memmert liegt einen knappen Kilometer südwestlich von Juist und ist bis auf einen ständig dort ansässigen Wärter unbewohnt.

Das kleine Eiland ist **geologisch blutjung.** Noch im Jahr 1888 war der Memmert eine gerade mal 10 Hektar messende Sandbank, fast vegetationslos und dauernd überflutet. Doch schon vier Jahre später hatten sich, alsbald durch menschliche Nachhilfe systematisch unterstützt, erste Dünen gebildet, und es war zur Ansiedlung von bereits über 50 neuen Pflanzenarten gekommen.

Auf Initiative des umtriebigen Lehrers und Ornithologen *Otto Leege* wurde bereits 1907 auf dem Memmert eine Vogelschutzkolonie eingerichtet. 1924 erhielt die vormalige Sandbank Inselstatus und wurde zur Gänze **unter Naturschutz gestellt.**

Heute gibt es auch Salzwiesen auf dem Memmert, und auf Grund der vielseitigen biologischen Verhältnisse ist das Eiland zu einem **Vogelparadies ersten Ranges** gediehen. Als Teil der Ruhezone des Nationalparks und wegen ihrer überragenden Bedeutung für die Natur der Wattenregion darf die Insel Memmert ganzjährig nicht betreten werden.

Nach dem Ende der Brut- und Aufzuchtzeit der insularen Vogelwelt (d.h. ab Anfang August bis Ende März) ist jedoch der **Besuch von geführten Gruppen** in begrenztem Umfang zugelassen. Diese Gruppen müssen von einem verantwortlichen Leiter begleitet sein und sich auf der Insel unter die Führung des dortigen Vogelwartes begeben. (Naturführungen: siehe „Insel-Info A–Z, Führungen und Rundfahrten".)

Neben dem Memmert ist bereits ein weiteres Eiland in der Entstehung begriffen, das **Lütje Hörn.** Womöglich wird eines Tages auch eine „Vogelinsel" daraus.

Die Juister Vogelwelt

Allgemeines

Weil substanzielle Teile der Insel und des umgebenden Watts unter Naturschutz stehen, ist die Vogelwelt auf Juist in erfreulich großem Maß vertreten. Deshalb – und in Übereinstimmung mit internationalen Richtlinien – gibt es auf der Insel auch **keine Windkraftanlagen,** obwohl das Potenzial dafür hoch ist. Die Juister Stromversorgung erfolgt über Seekabel vom Festland.

Es würde zu weit führen, an dieser Stelle alle **Vogelarten** aufzuzählen, die auf Juist und dem Memmert flattern, kreischen, Federn lassen und Eier legen, und die in ihrer Gesamtheit mit Einschluss von pausierenden Migranten gut einhundert betragen. Nur ein paar Spezies seien herausgegriffen, die einem immer wieder begegnen oder die „typisch" für die Insel sind:

Austernfischer

Der hübsche schwarz-weiße Flieger mit knallrotem Schnabel und ebensolchen Beinen ist auf Juist **häufig zu sehen.** Irgendwie erweckt er den Eindruck ständig guter Laune – ein lustiger Vogel. Vielleicht weil es im Juister Watt so viel für ihn zu spachteln gibt? Die dort reichlich vertretenen Herzmuscheln und fetten Wattwürmer gehören nämlich zu seinen Lieblingsspeisen.

367ju rh

Fasane

Dieser hübsche Großvogel, die Hähne mehrfarbig, die Hennen überwiegend braun, hat sich auf Juist stark verbreitet. Die meisten Fasane sind scheu und fliegen vor sich nähernden Menschen laut schreiend davon. Andere verhalten sich bereits handzahm und warten darauf **gefüttert** zu werden – was man bleiben lassen sollte: Die Tiere können sich auch mühelos selbst ernähren und bleiben bei ihrer vitaminreichen Naturkost gesünder als mit einer Kartoffelchipdiät.

Interessant sind **Hahnenkämpfe,** die mit großem Engagement ausgetragen werden und die man mitunter aus dem Fenster der Pension in aller Ruhe beobachten kann. Der Gewinner kriegt die Henne – so will es die Natur.

Kormorane

In der Luft sehen sie aus wie rückwärts fliegende Gänse. Von Nahem besehen machen die schwarzen Gesellen stets einen recht verdrossenen Eindruck. Sollte es daran liegen, dass sie als **unermüdliche Fischvertilger** Anglern und Fischern so gründlich verhasst sind? Zwar stehen sie heute, nachdem man sie fast ausgerottet hatte, unter Naturschutz. Aber ständig drängen Lobby-

⌃ Austernfischer auf dem Nest

isten und Lustjäger darauf, sie erneut zum Abschuss freizugeben. In einem der reichsten Länder der Erde ist man nicht gewillt, ein paar Fische mit einer Kreatur zu teilen, die nichts anderes im Sinn hat, als am Leben zu bleiben.

Möwen

Die hellfarbenen Vögel sind sozusagen das **Hauswild der Nordsee;** keine Stelle, an der sie nicht zu finden wären.

An den Badestränden liegen Möwen regelrecht auf der Lauer, um von den sich dort aufhaltenden Menschen etwas Fressbares zu ergattern. Manche der Schnabeltiere sind so frech geworden, dass sie einem Picknickenden schon **das Brötchen aus der Hand schnappen,** kaum dass es ausgewickelt ist. Das mag belustigend sein, bei kleinen Kindern ist es gefährlich und kann ins Auge gehen. Kinder sollten deshalb am Strand nicht essen, und wenn, dann unter sorgsamer Aufsicht von Erwachsenen, die die Raubvögel – denn es sind ja welche! – ständig im Blick behalten und rechtzeitig verscheuchen.

Die Art, die einem mehrheitlich begegnet (und die nach der Stulle schnappt), ist die **Silbermöwe.** Sie hat ein oben blaugraues, unten weißes Gefieder, einen gelben Schnabel mit rotem Fleck und gelbe Augen. Die Jungtiere sind braungrau mit schwarzgrauem Schnabel und dunklen Augen, aber schon bald genauso groß wie die Eltern. Die Jünglinge fallen durch vornehme Zurückhaltung beim Picknick auf, indem sie immer etwas im Hintergrund bleiben; sie werden später aber nicht minder keck als die Senioren.

Möwen sollte man **nicht füttern,** auch nicht auf den Fähren. Nicht nur sind Margarinebrötchen und Knusperflocken kaum die richtige Ernährung für sie. Durch die Bettelei verlieren sie auch ihre natürlichen Instinkte und sind trotz üppiger Fütterei letztlich schlechter dran als zuvor – und das möchte auch ein Mensch mit den besten Absichten wohl nicht.

Nachtigallen

Im Frühjahr singt dieser legendäre Vogel, eine ausgesprochene Rarität in deutschen Landen, manchmal im Bereich des **Hammersees** – heißt es.

Rotschenkel

Nomen ist hier natürlich Omen. Der Vogel ein rechter Filou: Bis zu zwei Monate allein verbringt er mit der **Brautwerbung,** als Massenveranstaltung eine einzige Love Parade mit jeder Menge Musik und Akrobatik. Und selbst danach muss noch weitergetanzt werden, nämlich im Duell mit Rivalen. Die Männer erledigen das auf Raver-Art. Dafür dürfen sie anschließend auch das

Nest bauen und auf die Kleinen aufpassen. Und alles nur wegen ein paar roter Schenkel.

Sperlinge

Nanu – Spatzen auf der Nordseeinsel? Aber ja! Dort wo es viele **Pferdeäpfel** gibt, sind natürlich auch die Sperlinge reichlich vertreten, weil in den Äpfeln offenbar noch vieles Gutes enthalten ist.

Meeressäuger im Bereich der Insel Juist

Seehunde

Die meisten Touristen möchten auf ihrer Inselfahrt am liebsten sofort diese possierlichen Tiere sehen: Wo ist der Seehund? In der Tat besteht die erste Chance bereits, wenn die **Fähre** dicht am Kalfamer vorbeigleitet. Mit etwas Glück und einem guten Fernglas bekommt man dort unter Umständen eine ganze Schar Seehunde zu sehen, denn die dortigen Sände sind ein bevorzugtes Ruherevier.

Man kann sich aber auch einer **Rundfahrt „nach den Seehundsbänken“** anschließen und hat dort vielleicht noch mehr Glück. Die Wahrscheinlichkeit, bei einer normalen Strand- oder Wattwanderung auf ein solches Tier zu stoßen, ist hingegen ausgesprochen gering.

Im Sommer treffen sich die Seehunde **auf Sandbänken im Wattenmeer,** um sich zu paaren, Junge zu gebären (Juni/Juli) und zu säugen. In dieser Zeit, also wenn auch die meisten Touristen unterwegs sind, wirken sich Störungen auf die dann sehr empfindlichen Tiere fatal aus. Es kommt dann häufig zu Trennungen von Mutter- und Jungtieren; man rechnet, dass dieserart ein Viertel der kleinen „Heuler“ das Leben verliert.

Wer auf einen solchen, scheinbar allein gelassenen und in der Tat **„heulenden“ Jungseehund** stößt, der tue am Besten gar nichts, sondern mache sich davon. Das Muttertier mag in der Nähe sein und nur darauf warten, dass der Eindringling wieder verschwindet. Auf gar keinen Fall darf man ein Jungtier aufnehmen oder streicheln – in der Seehundwelt wird nicht gestreichelt!

Außerdem: Ein **totes oder verletztes Tier** nicht aufheben oder vielleicht gar mitnehmen! Wer einen Seehund mitschleppt, macht sich der Wilderei schuldig und kann sich bis zu fünf Jahre Haft dafür einhandeln.

Hat man ein **vermeintlich hilfebedürftiges Tier gefunden,** sollte man die Info-Hütten, das Personal des Nationalparkhauses

073wa hb

oder auch die Kur- oder Gemeindeverwaltung darauf aufmerksam machen.

Einige Jungseehunde, wirklich hoffnungslose Fälle, landen jedes Jahr in der **Aufzuchtstation in Norddeich** und werden dort hochgepäppelt und letztlich in der Hoffnung, dass ihnen bestimmte soziale Verhaltensweisen nicht abhanden gekommen sind, wieder in die freie Wildbahn entlassen. Nach Norddeich wird im Fall eines gefundenen Heulers in letzter Konsequenz auch Meldung gemacht: Tel. 04931-8919.

Schweinswale

Mit einer Länge von bis zu 180 cm und 70 kg Gewicht gehören Schweinswale oder Kleine Tümmler zu den kleinsten Walarten. Im Sommer migrieren die Meeressäuger für Paarung und Geburt in Küstennähe und lassen sich auch schon mal **im Wattenmeer** sehen. Der große „Fisch", dessen Rückenflosse da den Priel durchfurcht, ist also kein „Hai".

Für Schweinswale gilt das gleiche wie für Seehunde: **Man halte Abstand** zu ihnen. Etwaig gestrandete Wale melde man den oben angeführten Stellen.

Walrosse

Keineswegs gehören diese fettleibigen Urviecher zu den regelmäßigen Besuchern der Insel Juist. Doch im Januar 1998 legte solch ein 3,50 Meter langer Koloss beim Dünenabgang „Hexentanzplatz" westlich vom Hammersee **am Strand eine vierstündige Schwimmpause** ein – ein außerordentlich seltenes Vorkommnis. Falls es einmal zu einer Wiederholung kommen sollte: Abstand! Wer so einen Riesenburschen „streicheln" möchte, muss mit einer wütenden Attacke rechnen.

Auch die ausgestopfte Mutter hat der Kleine lieb

Fröhliche Seehundhatz

Wer zu Kaisers Zeiten zur Haute Volée gehörte und nach Juist reiste, für den war es geradezu obligatorisch, bei diesem Anlass den einen oder anderen Seehund abzuknallen. Als *Friedrich August,* König von Sachsen, dort im Sommer 1912 Station machte, durfte auch er dieses exquisite Erlebnis genießen, worauf Seiner Majestät von einem begnadeten Poeten namens *Wilhelm Frechelt* das folgende etwas holprige Werk „ehrfurchtsvoll gewidmet" wurde:

Wer wandert am Strande im Morgengraun?
Ein König ist's! und seine Begleiter;
Die Sonn' erwacht, die Wolken schau'n
Recht fröhlich und recht heiter.
„Mein König!" sprach Wilhelm Altmanns laut,
„Seht Ihr den Seehund dort? – o schaut!"
Der König legt an, – der Schuss geht los,
Der Seehund liegt sterbend im Erdenschoss;
Ein Weidmannsheil, fröhlich und heiter,
Dem König! Und seinen Begleitern.

Die Ballerei auf den Seehund gehörte schon bald danach nicht nur für Adelskreise zum fröhlichen Inselsport. Bereits in den 1920er Jahren ließen sich erste um Naturerhalt besorgte Stimmen hören, die ein Ende der Seehundbestände der Nordsee voraussagten, wenn es mit der Hatz auf das am Strand fast hilflose Tier so weiterginge. Die kommerzielle Fischerei, um ihre Pfründe fürchtend, heizte das Jagdfieber weiter an, indem sie Prämien für jeden abgeschossenen Seehund zahlte.

In jüngerer Zeit sind die Tiere unter Schutz gestellt worden. Doch sie mussten jetzt mit einem anderen Feind fertig werden. Womöglich sekundär durch die Verschmutzung der Nordsee ausgelöst, kam es in den achtziger Jahren zu einem dramatischen Seehundsterben. Tausende von Tieren gingen ein. Dennoch erholten sich die Bestände wieder, erstaunlich rasch sogar – bis 2002 erneut eine Keule in Gestalt einer Seuche auf sie niederfuhr und über 3000 Seehunde tötete. Jetzt tritt allmählich wieder Normalisierung ein und Inselbesucher können mit den üblichen Sichtungen rechnen.

Beim Besuch des *Friedrich August* geschah übrigens noch etwas: Der Ornithologe *Otto Leege* hatte den König und seine heiteren Begleiter auf der Insel Memmert herumgeführt und zufällig beobachtet, wie Majestät ein kleines Geschäft verrichteten. *Leege* rühmte sich anschließend in Stammtischkreisen, „er hätte etwas gesehen, was noch keiner gesehen hat". Der König erhielt irgendwie Wind davon, mit dem Ergebnis, dass *Leege* bei der allgemeinen Verteilung sächsischer Orden, wobei sogar der Seehundjäger *Altmanns* („Seht Ihr den Seehund dort? – o schaut!") bedacht wurde, leer ausging.

Seehunde vor der Insel Juist

415ju ff

361ju rh

5 Die Nordsee

Selten ruhige See

Land und Meer

Frühzeit

In einigen Inselbüchern, so bei *Troltenier* (siehe „Literaturtipps“), kann man nachlesen, dass es vor etwa 9000 Jahren noch gar keine Nordsee gab. Das stimmt allerdings so nicht ganz. Unsere Nordsee ist im Gegenteil ein uraltes Gewässer. Dass sie vor 250 Millionen Jahren ein wenig anders aussah als zu Beginn des dritten nachchristlichen Jahrtausends, darf man voraussetzen. Im **Zechsteinmeer** des frühen Perm tummelten sich dort, wo in der Gegenwart der Badegast bildbeherrschend ist, wunderliche Kreaturen im Saurierformat – ab und zu finden sich heute in Fischernetzen noch kuriose Fossilienteile.

Dann wieder trocknete die ganze Chose bei **wüstenartigem Klima** aus, wodurch die riesigen Salzlager entstanden, die heute der Norddeutschen Tiefebene unterliegen.

Während der **Trias-Periode** war das Nordseebecken sogar von hohen Bergen umgeben, deren Schutt allmählich in die Tiefe kollerte und dort mächtige Schichten von Buntsandstein hinterließ, woraus später u.a. die Insel Helgoland entstand.

Eiszeiten

Die wohlbekannten Eiszeiten sorgten in vergleichsweise jüngerer Vergangenheit nicht nur dafür, dass ganze Gebirgszüge zu Sand zermahlen wurden, sondern auch, dass der **Meeresspiegel** je nach Mächtigkeit des Eises mal höher und mal tiefer lag. Vor etwa 10.000 Jahren wurde mit fast 100 Metern unter dem heutigen Nullniveau ein absoluter Tiefpunkt erreicht.

Damals zog sich die nördliche **Küstenlinie** etwa von Mittelengland nach Norddänemark, und es ist schon richtig, dass man zu jenem Zeitpunkt nicht von einer Nordsee im heutigen Sinne sprechen kann. Zumindest war die jetzige Deutsche Bucht festes Land, und die ersten Menschen bewohnten dieses kalte und wilde Terrain auch bereits, wie gelegentliche Funde bis in den Bereich der Doggerbank beweisen.

Neue Erwärmung

Doch dann wurde es wieder wärmer, und das Wasser begann mit Macht zurück zu fließen. Vor etwa 6500 Jahren entstand der **Ärmelkanal,** dessen Bett Gletscher zuvor frei gehobelt hatten. Und während im alten Ägypten die ersten Pyramiden in die Höhe wuchsen, schälten sich an der Nordsee die **groben Konturen des heutigen Küstenprofils** heraus. Aber von den Inseln, die heute die ostfriesischen genannt werden, war noch lange nichts zu erkennen.

Entstehung der Inseln

Man ist vielleicht geneigt, die Eilande, als sie einige Zeit vor Christi Geburt endlich in Erscheinung traten, als Überreste des einstigen Festlandes anzusehen, dessen Außenposten allmählich in den Fluten verschwunden waren. Doch dies ist unzutreffend. Nicht nur stieg das Meer überall. An der **südlichen Nordsee** hatte sich unter dem Schwergewicht der auf ihm lastenden Eismassen auch das Land gesenkt. Dort, wo sich jetzt der Ostfriesische Archipel vor der Festlandsküste erstreckt, gab es zunächst einmal nichts als Wasser.

Die Inseln **wuchsen aus dem Meer empor.** Sandkorn für Sandkorn spülten die Nordseewellen gegen die Küste, bildeten Bänke, dann Dünen, dann, nachdem sich Vegetation angesiedelt hatte, festes Land. In der Frühphase ihrer Entstehung waren die Eilande noch eine Reihe bröckelnder Sandhaufen, deren Form sich bei jeder Flut veränderte.

Winde und Strömungen sorgten dann allmählich für den langgezogenen **Verlauf der Inselkette,** deren west-östliche Ausrichtung heute sofort ins Auge sticht. Man erkennt mit einem Blick auf die strömungsdynamischen Formen der Inseln, dass dort etwas in Bewegung sein muss. Und in der Tat hält die einst begonnene Ostwanderung des ganzen Archipels bis in die Jetztzeit an. Die Menschen müssen ständig Gegenmaßnahmen treffen, damit die Inseln eines Tages nicht wieder davon marschieren und im Meer versinken – angesichts steigender Seepegel eine aktuellere Aufgabe denn je.

Juister Anfänge

Juist ging womöglich aus einem Teil der größeren **Insel Bant** hervor, die um das Jahr Null der nordwestlichen Ostfrieslandküste vorgelagert war und, ständig Substanz verlierend und in Einzelinseln zerfallend, noch bis 1743 die Stellung hielt. Manche Forscher gehen davon aus, dass Juist möglicherweise bei der schweren Marcellusflut des Jahres 1362 von Bant abgetrennt wurde. Doch geologisch nachweisbar ist das nicht.

Ebenso gut kann man spekulieren, dass eine simple separate **Sandbank** den Anfang machte. Als im 15. Jahrhundert eine erste zaghafte Besiedlung einsetzte, war Juist auch noch nicht viel mehr als das – eine große Sandbank. Und an dieser Stelle geht die Erzählung später im Textteil „Geschichte“ weiter.

» Die Insel Juist aus der Luft

009ju hb

Ebbe und Flut

Atmendes Meer

Um das Jahr Null herum besuchten abenteuernde **Griechen und Römer** die Nordseeküste Germaniens. Was sie dort ganz besonders beeindruckte, waren die ständig steigenden und fallenden Wasserstände; das Meer „atmete" sozusagen. Dieses Phänomen kannten die Besucher vom fast gezeitenlosen Mittelmeer nicht, und es versetzte sie anfangs in ziemlichen Schrecken. Alsbald verfielen die antiken Weltenbummler indes auf die Erklärung, dass die Gestirne wohl etwas mit der Sache zu tun haben könnten. Damit trafen sie genau ins Schwarze.

Doch mit dem Ausklang der Antike gerieten diese **Erkenntnisse** in Vergessenheit. (Das heißt: In der westlichen Welt; Chinesen, Polynesiern und anderen außereuropäischen Völkern dürften sie dauerhaft bekannt gewesen sein.) Erst *Kopernikus* kramte sie im 16. Jahrhundert erneut hervor. Kepler und *Newton* steuerten weiteres Wissen bei, und heute steht wieder fest, dass die alten Griechen und Römer Recht gehabt hatten.

Einfluss des Mondes

Den größten Anteil an der Entstehung der Gezeiten (an der Küste: „Tiden") hat der **Mond.** Auch die Sonne und andere Gestirne wirken mit, wenngleich in weit geringerem Maße. Der Mond

Das Watt bei Ebbe

010ju hb

lenkt, je näher er einem jeweiligen Punkt auf der Erde ist, auf Grund seiner **Anziehungskraft** das Wasser zu sich heran, das dieserart gewissermaßen eine Welle bildet, die ständig rund um den Globus läuft.

Falls der Mond, wie die Erde um die Sonne, in 24 Stunden um unseren Planeten rotieren würde, träten die Gezeiten jeden Tag zur gleichen Zeit ein. Da es sich jedoch um knapp 25 Stunden handelt, kommt es zu einer **zeitlichen Verschiebung,** die sich täglich bemerkbar macht. Die Tiden, von „Hoch- bis Niedrigwasser", treten in Abständen von 12 Stunden und 25 Minuten auf, sind also jeden Tag ein Stückchen versetzt.

Gezeitenkunde

Das Wissen um die Gezeiten ist auf der Insel Juist mit ihrer tidenabhängigen Anfahrt natürlich von ganz besonderer Bedeutung. Aber auch **Wattwanderer, Segler** und sogar **Badegäste** sind mit dieser speziellen Kenntnis gut bedient. Der normale **Tidenhub** (Differenz zwischen Hoch- und Niedrigwasser) ist mit maximal etwa 2,40 Meter zwar nicht allzu hoch. Aber bereits in diesem bisschen Wasser kann man ertrinken, wenn man im Watt von ihm überrascht wird. Der Segler fällt trocken, wenn kein Wasser mehr da ist. Und der Schwimmer gerät in Bedrängnis, wenn der Ebbstrom nach ihm greift und ihn unweigerlich auf die offene See hinausträgt ...

Auskunft über die Gezeiten gibt der **Tidenkalender,** der an vielen Stellen auf Juist aushängt, der Teil der Inselbroschüren ist und über den man sich auch im Internet informieren kann: www.juist.de, unter „Aktuell".

Wind und Wetter

Kunst der Prognose

Es war in unseren Breiten schon immer eine Art Sport, das Wetter für bestimmte Jahreszeiten langfristig vorauszusagen. Nach dem Motto: „Dieser Sommer wird heiß und der Winter kalt" machte man freizügigen Interpretationsgebrauch von den sogenannten **Bauernregeln,** die die Weisheit vieler Generationen von Agronomen vereinten. Leider aber auch deren Aberglauben und Irrtümer. Denn heute, da die Wissenschaft der Meteorologie etwas an Durchblick gewonnen hat, erweisen sich viele der guten alten Erkenntnisse als falsch. Außerdem hat sich das Klima offenbar in globalem Maßstab einschneidend verändert, und da stimmen langfristige Prophezeiungen ohnehin nicht mehr. Dennoch glauben auch weiterhin selbst ernannte Wetterfrösche schon zu Anfang jeden Jahres Anzeichen für die **Eigenschaften des kommenden Sommers** ausgemacht zu haben, und diese „Erkenntnisse“ werden alsdann laut herausposaunt: „Das wird ein Supersommer!“ Die Aussichten, sich bei diesem Orakel zu irren, stehen ja lediglich 50/50. Geht's gut, ist man berühmt; liegt man daneben, wird man um eine Erklärung schon nicht verlegen sein ...

Schlechte Nachrichten

Der langfristigen Prognose folgend, dürfte es ja dank Treibhauseffekt sukzessive immer heißer werden. An einen richtigen **„Supersommer“** hat man allerdings Anfang bis Mitte 2013 auch nicht mehr glauben wollen. Der Frühling war schon von den Temperaturen her eher herbstlich und bei den langanhaltenden Regenfällen im Juni kam auch nicht wirklich „Badefeeling“ auf. Paradox dass der eine oder andere in der Zeit vielleicht sogar unfreiwillig baden ging. Doch letztendlich kam der August mit kuscheligen Plusgraden bis zu über 30 °C, um so das vorher ausgebliebene Potenzial des Sommers voll auszuschöpfen.

Man merkt, das Wetter wird im Extrem **immer wechselhafter.** Wird es denn nun nicht ausschließlich wärmer durch den **Treibhauseffekt?** Mit dem Begriff „Treibhauseffekt“ bezeichnet man die Auswirkungen der zunehmenden Erderwärmung. Auslöser sind in die irdische Lufthülle abgegebene Verbrennungsgase, vornehmlich Kohlendioxid (CO_2). Als Hauptverursacher gelten Industrien sowie Auto- und Flugverkehr. Das Kohlendioxid bildet eine „Glocke“ um den Globus und bewirkt, dass die von der Erde absorbierte Sonnenenergie nicht wieder ins Weltall entweichen kann. Dieserart entsteht ein Wärmestau, der sich dynamisch akkumuliert: Die Erde heizt sich, analog zu den Verhältnissen in einem Treibhaus, auf.

Damit sollte der Kurgast eigentlich ganz zufrieden sein; er will's ja möglichst warm haben. Aber es handelt sich um winzige Größenordnungen: Etwa 1 °C in den letzten 150 Jahren. Davon spürt der Inselreisende nicht viel; die globalen Auswirkungen, allein die Ausdehnung der Weltmeere durch Erwärmung, sind jedoch gewaltig. Und die **Verteilung der molligen Wärmegrade** ist alles andere als gleichförmig. Zwar ist unter dem Strich auf alle Fälle eine Zunahme zu verzeichnen. Aber womöglich wird's im nächsten Jahr in Sibirien ein bisschen heißer und dafür etwas weniger bei uns. Also können sich „normale“ Sommer jederzeit wiederholen.

Außerdem setzen erhöhte Temperaturen auch Prozesse in Gang, die paradoxerweise schwere **Kälteeinbrüche** nach sich ziehen und den Laien voller Unverständnis fragen lassen, was denn jetzt Sache ist: Warm oder kalt – haben sich die Wettermaxen schon wieder geirrt? Aber je wärmer es wird, desto mehr und kräftigere Luftwirbel entstehen auch. Tiefdruckgebiete extremer Ausdehnung, von warmem Seewasser mit Energie versorgt, können auf ihrer Rückseite polare Luftmassen über riesige Distanzen heranführen. Dann wird es mitten im Sommer winterlich und dem Badeurlauber der Spaß verdorben. Das ist die potenziell schlechte Nachricht.

Eine weitere: In nicht unferner Zukunft wollen einige Experten, darunter sogenannte Klimaingenieure, mit feinster neuer Technik das **Wetter manipulieren.** Regionales Wetter soll dann ganz nach Wunsch gestaltet werden; das Bäuerlein erhält seinen Regen und der Badegast die Sonne. Hoffentlich läuft dabei nichts aus dem Ruder. Denn wenn trotz des Einsatzes hoch spezialisierter Experten und aufwendigster Maschinerie nicht einmal die Vorhersage für den nächsten Tag so recht gelingt – wie soll dann das „Wettermachen" erfolgreich vonstatten gehen?

Noch eine schlechte Nachricht: Die Eilande, ganz besonders auch Juist, haben im Lauf ihrer Geschichte, wie gleich noch zu lesen sein wird, durch das Wettergeschehen gewaltig Federn lassen müssen. Dass die Nordsee an der Küste auch „Mordsee" genannt wird, hat durchaus seine historische Berechtigung. **Sturmfluten** mit resultierendem „Land unter" sind geradezu synonym für das deutsche Hausmeer, und daran wird auch die Zukunft nichts ändern.

Im Gegenteil. Wenn die Erderwärmung tatsächlich so richtig zum Greifen kommt, wird nicht nur der Meeresspiegel weitaus mehr steigen, als es bereits der Fall ist. Die **Energie der Stürme** und der Brandung wird ebenfalls zunehmen, und an der Küste dürfte es dann mitunter recht ungemütlich sein.

Gute Nachrichten

Es gibt aber auch eine gute Nachricht, und zwar ganz speziell für die Nordseeinseln. Die beiden deutschen Archipele gelten als **relative Gutwetterzonen,** in denen sich zumindest im Sommer die (verlässlich präsenten) Tiefdruckausläufer weniger bemerkbar machen als auf dem Festland. Über jenem kann man von den Inseln aus oft dicke, schwarze Wolkenballungen beobachten, während man auf der Insel am Wassersaum die pralle Sonne genießt. Genau diese Wetterlage wurde auch im trüben Frühsommer 2013 wiederholt von den Ostfriesischen Inseln gemeldet,

Ein kleiner windiger Scherz

Man sitzt in der Inselkneipe beim Après-Watt und „klönt" (zu deutsch: unterhält sich).

Auf Juist kommt der Südostwind immer von Norden, behauptet ein Insulaner mit todernster Miene.

Der Kurgast denkt an irgendwelche komplexen Verwirbelungen, dreht das Gesagte hin und her und kriegt es auf keinen Nenner. Unmöglich!

Wollen wir um 'ne Thekenrunde wetten?, regt der Juister an. Im Bewusstsein nicht verlieren zu können, sagt der Besucher zu.

Kucken Se mal! Der Insulaner holt eine Landkarte hervor und hält sie dem anderen unter die Nase.

Aber auch daraus wird der Binnenländer nicht schlau. Bis der Ostfriese mit dickem Finger auf die in der Tat genau südöstlich von Juist gelegene Stadt Norden zeigt: Na, stimmt's?

Ja – es stimmt. Da muss der Kurgast selber lachen. Eine Runde, Herr Wirt! Der Juister grient sich einen. Aber der Verlierer wird demnächst vielleicht versuchen, jemand anders mit demselben Trick hereinzulegen. Also: Obacht!

und wer dort in den Urlaub reiste, kam in der Regel recht zufrieden zurück.

Westwindtrift

Auch die sogenannte Westwindtrift bleibt uns erhalten. Mit diesem Begriff bezeichnet man ein breites Band vorwiegend **westlicher Winde,** das sich über Nordeuropa hinzieht und ganz besonders den Nordseebereich einschließt.

Auslöser dieser Westwinde sind Tiefdruckgebiete, die sich im Nordatlantik bilden und die durch diverse Dynamismen in östliche Richtung geschubst werden. Da der Wind um ein Tief sich auf der nördlichen Halbkugel grob gegen den Uhrzeigersinn bewegt, erzeugt ein solches System bei einem typischen Kurs über Skandinavien im Bereich der südlichen Nordsee eine westliche Luftströmung. Und weil während des größten Teils des Jahres – in unserer Klimazone ganz normaler Gang der Dinge – ein Tief das andere ablöst, weht es an der Nordsee, ganz vereinfacht gesehen, eben ziemlich dauerhaft von Westen. Das kann man auf Juist schon an den zerzausten Bäumen erkennen, die sich in der Mehrzahl nach Osten neigen.

Do it yourself

Im Gegensatz zu den oben erwähnten langfristigen „Prognosen", die sich genauso gut nach dem System „Kopf oder Zahl" anstellen lassen, werden die täglichen **Voraussagen vom Deutschen Wetterdienst** für etwa drei Tage getätigt – danach stimmt in der Regel eh nichts mehr. Diese Bundesbehörde beschäftigt rund 3000 unverdrossene Mitarbeiter und gibt durchschnittlich 320 Millionen Euro im Jahr aus. Schon immer haben die eklatanten Falschprognosen der Fachleute Zorn und Spott bei den sich gefoppt fühlenden Nachrichtenempfängern hervorgerufen. Aber naja, was soll man sagen. Ein Wetterdienst ist eben kein *Nostradamus* und auch geschulte Meteorologen können hin und wieder die eindeutige Mehrdeutigkeit der eingehenden Wetterdaten missinterpretieren. Man kann nur hoffen, dass sich durch zukünftige Messtechnologie die Mehrdeutigkeit zur Eindeutigkeit reduzieren lässt.

Mit einigem Verständnis der Vorgänge lassen sich simple Prognosen auch in eigener Regie fertigen. **Satellitenbilder** lassen sich bei verschiedenen Wetterdiensten im Internet (z.B. www.wetter.com) oder diversen Smartphone-Apps (wie die WetterApp von WetterOnline, WeatherPro oder die hauseigene App von wetter.com) nachschlagen.

Also noch einmal: Wind um ein Tief – spiralig linksrum auf den Kern zu, um ein Hoch – spiralig rechtsrum vom Zentrum weg. Ein anrückendes Tief mit Position über, sagen wir mal, England wird sich an der Nordseeküste mit südwestlichem Wind bemerkbar machen. „Südwesten Wind" gilt demnach auch überall auf den Inseln als **Schlechtwetterbote;** jede Zimmerwirtin weiß das. Jedermann mit rudimentärsten Meteo-Kenntnissen kann bei dieser Windrichtung den Regen voraussagen, den Tiefdrücke mit sich bringen – und der kommt dann auch verlässlich.

Bei Durchzug des Tiefs wird der Wind allmählich (manchmal auch ruckartig) auf West und später auf Nordwest drehen, und das **Wetter bessert sich** bei abklingender Schauertätigkeit nach und nach.

Bei nördlichen Winden ist generell (keineswegs immer) mit extrem klarer Sicht, Sonnenschein und prächtigen Wolkenbildungen zu rechnen. Das nennt sich dann **Rückseitenwetter** und ist ebenso typisch für die Nordsee wie Sturm und Regen. Und wenn alles gut geht, marschiert als nächstes Hochdruck an, und Lichtschutzfaktor 20 ist alsbald angesagt.

> Die „Lita" hilflos in der Brandung

Sturm und Wellen

Beaufort-Skala

Sir Francis Beaufort, britischer Admiral, entwickelte in der ersten Hälfte des 19. Jahrhunderts eine Skala, die die **Stärke des Windes und des dadurch erzeugten Seegangs** von Punkt zu Punkt auflistet, um eine praktische Messlatte für diese Verhältnisse zu haben. Die sogenannte Beaufort-Skala, die Wind und See in bis zu 12 Stärken einteilt, erwies sich als derart praktisch, dass sie selbst in unserem Computer-Zeitalter weiterhin Bestand hat.

Um die Windgeschwindigkeiten und Seezustände von Hurrikanen, Taifunen und anderen Superstürmen (die es auch im Nordseebereich gibt) gleichfalls messen zu können, hat man die Skala heute zwar **auf 17 erweitert.** Doch ab Stärke 12, das hatte der alte Seebär schon ganz richtig erkannt, ist eigentlich sowieso alles Jacke wie Hose. Die nachstehende offizielle Liste hört deshalb auch bei 12 Beaufort (Bft) auf, wenn es drunter und drüber geht.

008ju hk

Die Beaufort-Skala

Im Folgenden werden die Windstärken nach der **Beaufort-Skala** (1–12) mit den jeweils charakteristischen Bewegungen der See aufgelistet.

Bft	km/h	Wind	Zustand der See
0	< 1	Stille	Spiegelglatt
1	1–5	Leiser Zug	Leicht gekräuselt
2	6–11	Schwache Brise	Kleine, kurze Wellen mit glasigen Kämmen
3	12–19	Leichte Brise	Kämme beginnen zu brechen; mitunter treten kleine, weiße Schaumköpfe auf
4	20–28	Mäßige Brise	Wellen werden länger und Schaumköpfe häufiger
5	29–38	Frische Brise	Wellen mäßiger Höhe, aber schon von ausgeprägter langer Form; überall weiße Schaumköpfe; vereinzelt etwas Gischt
6	39–49	Starker Wind	Wellen bauen sich auf; Kämme brechen und hinterlassen größere weiße Schaumflächen; etwas Gischt.
7	50–61	Steifer Wind	Die See beginnt sich zu türmen; der weiße Schaum der Brecher legt sich in Streifen zur Windrichtung
8	62–74	Stürmischer Wind	Mäßig hohe Wellenberge mit langen Kämmen; Gischt beginnt abzuwehen und die Luft zu füllen; ausgeprägte Schaumstreifen in Windrichtung
9	75–88	Sturm	Hohe, „rollende" Wellenberge mit dichten Schaumstreifen in Windrichtung; beginnende Sichtbeeinträchtigung durch Gischt
10	89–102	Schwerer Stum	Sehr hohe Wellenberge mit langen, überbrechenden Kämmen; schweres, stoßartiges Rollen der See; Sichtbeeinträchtigung durch Gischt
11	103–117	Orkanartiger Sturm	Außergewöhnlich hohe Wellenberge; durch Gischt herabgesetzte Sicht
12	118–133	Orkan	Luft mit Schaum und Gischt angefüllt; See völlig weiß; jede Fernsicht hört auf

Blitz und Donner

Kann es auf einer Nordseeinsel überhaupt gewittern? Und ob es das kann! Selbst im Winter blitzt und donnert es mitunter gewaltig, und wenn man sich dann im freien Gelände befindet, ist **schnelle Deckung** äußerst ratsam. Man strebe einen möglichst niedrigen Punkt an und hocke sich dort mit geschlossenen Füßen hin, bis das Dickste vorüber ist. Keine Regenschirme aufspannen! Radfahrer und Reiter: Absteigen!

Eine besondere Gefahr besteht naturgemäß bei **Wattwanderungen,** da die Wandergruppe weit und breit die höchste Erhebung darstellt. Der Wattführer prüft die Wetterlage – sogar anhand einer eigens eingebeamten Satellitenkarte – deshalb bereits im Vorfeld des Unternehmens überaus penibel und sagt die Tour ab, wenn etwas im Busch ist. Dann sollte man nicht sauer sein, sondern der Voraussicht des Mannes danken und sich für die nächste Wanderung anmelden.

Auf Juist ist (anders als auf den Nachbarinseln) seit geraumer Zeit **kein Blitzopfer** zu beklagen. Das ist, wie überhaupt im ganzen gewittrigen Geschehen, welches allein in Deutschland jährlich etwa 100 Menschen trifft, aber reiner Zufall.

Falls tatsächlich einmal jemand am Strand vom Blitz getroffen werden sollte, kann schnelles Reagieren der Umstehenden eventuell das **Leben des Opfers retten.** Es ist möglich, dass der Blitzschlag „nur“ Herz- und Atemtätigkeit lähmt. Diese können durch Brustmassage bzw. orale Atemspende unter Umständen wieder in Gang gebracht werden, sofern sie unverzüglich erfolgen. Etwaige Verbrennungen sind in dieser Phase sekundär. Und dann alsbald die Rettung rufen: Tel. 112.

Die furchtbare Flut von 1717

Die frühe Juister Geschichte, später mehr zu ihr, beinhaltet eine Abfolge schwerer und schwerster Sturmfluten, die dem verletzlichen Sandhaufen arg zusetzten. Nachverfolgbare Aufzeichnungen der Schäden beginnen jedoch erst bei stärkerer Besiedlung der Insel vom 17. Jahrhundert an.

Schlimme Verwüstungen zog die Petriflut von 1651 nach sich, die im Westteil der Insel den „Hammrich" entstehen ließ, der das schmale Hemd Juist in zwei Teile zerriss und dessen Reste heute noch in Gestalt des schönen Hammersees erhalten sind. Die Fastnachtsflut von 1715 zerstörte unter anderem die (zweite) Inselkirche. (Die erste wurde 1651 komplett zerstört.)

Doch alles dies verblasst im Vergleich zu den Schlägen, die die so genannte Weihnachtsflut vom 24. auf den 25. Dezember 1717 gegen die deutsche Küste und die Inseln austeilte ...

Schon am 23. hatte es heftig aus Südwest geweht. Am Folgetag nahm der Wind noch zu und drehte am frühen Nachmittag auf West und wenig später auf Nordwest – die charakteristische oben beschriebene Abfolge. Gegen Mitternacht am Heiligabend wurde es etwas ruhiger. Überall an der Küste begaben sich die Menschen vom obligaten Kirchgang relativ unbesorgt nach Hause – noch einmal Glück gehabt, freute man sich.

Doch die Fortüne hatte keinen Bestand. Ab ungefähr 1 Uhr wuchs der Wind dramatisch wieder an und schwoll bei gleichzeitigen Gewittern zum Orkan – Durchzug einer Kaltfront mit Windsprung auf Nordwest! Durch den anhaltenden Südwestwind hatte sich viel Wasser in der Deutschen Bucht gestaut, und hinter diesen „Berg" griff jetzt der Megasturm und drückte ihn in Richtung auf das Land. Beobachter sagten später, noch nie hätte das Wasser an der Nordsee so hoch gestanden – wahrscheinlich um sieben Meter über Normalnull. Die „Weihnachtsflut" von 1717 gilt deshalb als schwerstes Naturereignis in der Geschichte Ostfrieslands, bei dem 2752 Menschen ertranken.

Das erste Dorf Juist war bereits vor der Petriflut von 1651 evakuiert worden, und die Einwohner hatten an anderen Stellen das Loog- und Billdorf gegründet. Letzteres, am Westende, wurde von der Weihnachtsflut großenteils zerstört oder unbewohnbar gemacht, nachdem die See an vier Stellen durch die Dünen gebrochen war. 28 Dörfler starben dort; nur ein Mann konnte sich retten. Das Loogdorf blieb erhalten, aber mehrere Looger, die vom Kirchgang heimstrebten, wurden am Hammer von tsunamigleichen Riesenseen überrascht und ertranken.

Als alles vorbei war, bot die Insel ein Bild der Verwüstung und Entvölkerung. Ein paar Jahre nach der Katastrophe klagt der Strandvogt, „die miserable Sandbrinke Juist" würde wohl bei der nächsten hohen Flut endgültig untergehen. Juist, wie wir wissen, hielt stand. Doch 1717 war's verflixt knapp.

Luft und Wasser

Viel gute Luft

Es versteht sich, dass der allzeit wehende Seewind und die maritime Umgebung für gute Luft auf der Insel sorgen. Ein Aufenthalt auf Juist wird ganz speziell für Menschen mit **Atemwegserkrankungen** wie Asthma, Heuschnupfen, Nebenhöhlen-Entzündungen und Bronchitis empfohlen. Dass die Luft sich dort laut Juister Eigenanalyse aus 78 % Stickstoff, 21 % Sauerstoff und rund 1 % Argon plus einigen exotischen Spurenelementen wie Kobalt zusammensetzt und deshalb „unheimlich frisch und wahnsinnig gesund" sein soll, ist allerdings ein rechter Schmarrn. Diese Bestandteile weist die Atmosphäre auf der ganzen Welt auf, nur dass sie nicht überall gleich verunreinigt sind. Auf Juist trägt der Abstand vom Festland zur Reinheit bei, und vor allem auch die Abwesenheit von Kraftfahrzeugen und dreckenden Industrien. Man kann also jederzeit tief Atem holen, ohne darauf aus den Schuhen zu kippen.

Sauberes Wasser

Insbesondere **bei Ebbe** sieht das Wasser an den Juister Stränden recht uneinladend bräunlich aus. Dreck? Nun, die Nordsee ist keine blaue Karibik. Deshalb wird oben in der „Trinkkurhalle" auch pointiert darauf hingewiesen, dass das dort kredenzte teure (4 € pro Liter) Meeresnass nicht etwa aus dem Juister Fahrwasser stammt, sondern aus einem 103 m tiefen Brunnen gefördert wird, der der Insel unterliegt.

Um „Dreck" im Sinne menschengemachter Verschmutzung handelt es sich dennoch nicht. Die **Schlickpartikel,** die das Nordseewasser mitführt und welche die gubbelige Verfärbung bewirken, sind natürlich-organische Stoffe, deren unwillkürliche Einnahme beim Baden durchaus nicht gesundheitsschädlich ist – ganz im Gegenteil vielleicht, denn man schreibt diesen Substanzen sogar Heilkräfte zu.

Bei auflaufendem Wasser ändert sich das Bild ohnehin: Das von draußen hereinströmende Wasser wird immer transparenter und somit einladender. Dann ist ja auch offizielle Badezeit.

Jährliche Tests

Verschiedene Institutionen, darunter der ADAC, testen das Nordseewasser alljährlich und melden: alles o.k. Allerdings wird bei diesen Tests auf krank machende **Kolibakterien** aus Abwässern geprüft, und da können den Badeplätzen an der Nordseeküste in der Tat beste Noten ausgestellt werden.

Was sonst so in der Nordsee landet, ist jedoch weniger o.k. Die schwarzen Krümel entlang der Hochwasserlinie zum Beispiel bestehen aus zu Teer verfestigtem **Öl,** und die Wirtin hat es gar nicht so gern, wenn man da hineintritt und das Zeug anschließend in ihrer Klause verteilt. Das Öl stammt von Schiffen, die es heimlich und illegal abgelassen haben, sowie auch von den vielen Bohrinseln der Nordsee, wo immer mal ein Tönnchen daneben kleckert. Sogar unverbrannte Treibstoffe deutscher Automobile landen tröpfchenfein in der Atmosphäre und regnen in die Nordsee ab – 20.000 Tonnen pro Jahr, schätzt man.

„Eintragungen"

Gott sei Dank treiben diese Ekelstoffe jedoch nur sporadisch an, denn ein Großteil wird bereits bakteriell zersetzt, bevor er die **Strände** erreicht. Auch kann keine Rede davon sein, dass ganze Tankerladungen an die Küsten schwappen. (Obwohl alle Inselverwaltungen vor diesem Schreckensszenario bibbern. Aber sogar von den Auswirkungen der „Pallas"-Katastrophe 1998 erholten sich die betroffenen Inseln Föhr und Amrum erstaunlich schnell.)

Generell wird der Badegast überhaupt nichts von dieser Art von „Eintragungen" – so der verharmlosende Begriff – bemerken und auch nicht von jenen Substanzen, die über die Flüsse in die Nordsee als Endstation geraten: Düngemittel zum Beispiel. Selbige, aus der Landwirtschaft, sind ursächlich daran beteiligt, wenn sich an der Wasserlinie mal wieder dicke, weiße **Schaumteppiche** bilden. Es handelt sich nicht um Retortenreste der chemischen Industrie, sondern um organische Zerfallsprodukte von Algen, vielleicht auch wenig sympathisch, aber durchaus unschädlich.

Giftige Chemikalien und Schwermetalle sind da schon weniger anheimelnd. Sie werden ebenfalls weiterhin „eingetragen", wenn auch heute in geringeren Mengen als in der jüngeren Vergangenheit. Zwar bedrohen sie den Badegast keineswegs unmittelbar: Er müsste das Wasser dafür schon wannenweise trinken. Doch der fein ausgewogenen Balance des Ökosystems Nordsee tun diese Stoffe unaufhörlichen Schaden an. Es ist zu hoffen, dass dank EU-Richtlinien Dioxine, Furane, polychlorierte Biphenyle und dergleichen lebensfeindliches Teufelszeug eines Tages gänzlich von der Bildfläche verschwindet. (Einige zusätzliche Ausführungen zur Sache unter „Juister Natur".)

Eine spezifische Juister **Ökobroschüre** sagt zu diesem Thema: „Es kann nicht ausreichen, auf klar erkennbare Schäden mit Vermeidungsmaßnahmen zu reagieren, da Schädigungen, die das

Ökosystem Nordsee im ganzen verändern, weitgehend unumkehrbar sind. Deshalb steht die Vorsorge im Vordergrund. Es mag noch politisch schwierig sein, ökologischen Fehlentwicklungen vorzubeugen, ohne sich an feststellbaren Beeinträchtigungen orientieren zu können. Andererseits dürfte es aber wenig sinnvoll sein, zu testen, wie viele Krankheiten ein Kranker noch vertragen kann, bis er stirbt, um anschließend zu versuchen, den Toten wieder zum Leben zu erwecken.

Daher sind alle Maßnahmen angebracht, die weitere Belastungen vermeiden oder darauf gerichtet sind, erkannte Schäden zu mindern. Der kleinste Beitrag ist mehr als kein Beitrag." Gut und richtig formuliert – bravo!

Licht und Schatten

Vom Treibhauseffekt war zuvor die Rede, und vom Ozonloch liest man heutzutage auch viel Betrübliches. Was eigentlich hat es auf sich damit, und inwieweit ist der Nordseeurlauber davon betroffen?

Ozonloch

Die **Schäden am UV-abweisenden Ozonschild** werden durch fluorchlorierte Kohlenwasserstoffe bewirkt, deren Einsatz auf Initiative der verursachenden Industrienationen allmählich – hoffentlich – zum Erliegen kommt, ohne dass, versteht sich, den Verursachern die Rechnung für die Schäden präsentiert wird.

Im Bereich der Nordsee weist die Ozonhülle eh nur eine „Laufmasche" und kein „Loch" auf, von dem man erst spricht, wenn mehr als die Hälfte dieser spezifischen Schutzschicht zerfressen ist. Dennoch reichen die Schäden auch in unseren Breiten dazu aus, dass mehr ultraviolette Strahlung der Sonne als je zuvor in der Neuzeit die Erde erreicht. Für die ihr ausgesetzten Menschen hat dies rapide entstehende Sonnenbrände zur Folge – und Schlimmeres.

Gefahren durch die Sonne

Schneller als man denkt, kann man sich heutzutage einen **Sonnenbrand** einfangen. Bleichgesichter, Rothaarige und Sonnenentwöhnte verbrennen sich besonders leicht. Das ist schmerzhaft, und die Strandfreuden werden einem vergällt. Gleichzeitig ist der Sonnenbrand aber ein Warnsignal, dass man genug, wenn nicht schon zuviel des Guten gehabt hat.

014jurh

Hervorgerufen wird er überwiegend durch sogenannte UVB-Strahlen, die als Hauptverursacher von Ärgerem gelten: **Hautkrebs.** (Dessen Entstehung ist allerdings nicht allein auf Sonnenlicht zurückzuführen.) Über 90.000 Deutsche erkranken pro Jahr an einer von drei Arten, deren tückischste das Maligne Melanom („MM" im Medizinerjargon) sein dürfte. Mehr als 3000 Menschen sterben jährlich in Deutschland an Hautkrebs, Tendenz bis auf Weiteres steigend.

Bei **Kindern** wird wegen ihrer dünnen Haut der potenzielle Keim für solche Erkrankungen bereits sehr früh gelegt. Der Hautkrebs bricht vielleicht erst viele Jahre später aus, dann jedoch unter Umständen mit Vehemenz.

Es gibt für alle drei Arten gute **Heilungsaussichten,** siehe die obige Relation von 1:30. Sie sind jedoch vom Ausmaß des Befalls, der Eindringtiefe des Tumors und von der individuellen Konstitution des Patienten abhängig. Auch ist ein Impfstoff („M-Vax") entwickelt worden, der MM-Patienten Hoffnung ver-

Die Sonne bringt es an den Tag

spricht. Weitere Informationen zum Thema: Deutsche Haut- und Allergiehilfe, Heilsbachstr. 32, 53123 Bonn.

UVA-Strahlen legen noch eins drauf. Sie dringen tiefer in die Haut ein, führen zur **Alterung der Haut** und begünstigen womöglich die Entstehung des MM.

Gesundbrunnen Sonne

„Erst die Dosis macht das Gift", wusste *Paracelsus.* In sorgfältigen Häppchen genossen, ist das Sonnenlicht nach wie vor ein Gesundbrunnen erster Sahne. Es bringt unser **Wohlbefinden** auf Touren, regt alle **Körpersysteme** an (einschließlich des Sexualapparats), erzeugt gesunden **Appetit** und **Schlaf.** Möglicherweise bewahrt die Sonne sogar vor Brust- und Dickdarmkrebs, denn diese Krankheiten sind in den heißen Ländern selten. Alles in allem besteht also keine Veranlassung, dem Stern, unter dem die Menschheit groß geworden ist, ständig ängstlich aus dem Weg zu gehen. Man mache sich nur die paracelsische Weisheit über die Dosis zu Eigen.

Verhütung von Schäden

Sich nur für das Braunwerden in die pralle Sonne zu packen, erscheint angesichts der genannten Verhältnisse nicht gerade empfehlenswert. An der Nordsee existiert ohnehin so viel (milde) Streustrahlung, dass man auch im **Schatten** Farbe bekommt – und den sollte man der prallen Sonne so oft wie möglich vorziehen. Oder man sollte sich nur bescheinen lassen, wenn das Strahlengewitter noch bzw. schon schwach ist: Morgens vor 11 und nachmittags nach 15 Uhr.

Schutzkleidung ist vor allem bei Kindern dringend zu empfehlen; auch beim Baden sollten sie ein T-Shirt tragen, und ein Sonnenhut ist immer gut. (Man merke sich den Reim.)

Natürlich erfüllen **Einreibemittel mit UV-Blockern** ebenfalls den Zweck, für den sie bestimmt sind. Sie werden von Dermatologen allerdings insofern als riskant beschrieben, als dass das Ausbleiben der dieserart abgewehrten Hautverbrennungen den Sonnenbadenden womöglich in falscher Sicherheit wiegt. Er zieht sich zwar keinen Sonnenbrand zu, doch zum Hautkrebs kann es auf Grund der Überexponierung dennoch langfristig kommen. Verzichten sollte man auf diese Mittel aber nicht, sondern sich auch mit geschützter Haut die Zeit in der Sonne vernünftig einteilen. Ist es trotzdem **zu einem Sonnenbrand gekommen,** nehme man ein kühles Duschbad und trage danach eine milde Creme oder ein Talcumpuder auf. Nur – in diesem Stadium muss man der Sonne wirklich längere Zeit fern bleiben, sonst wird's brenzlig.

Land und Leute

Frühe Zeiten

Die Menschen, die vom frühesten Zeitpunkt an die Insel Juist besiedelten, waren Ostfriesen. Schon 1580 wurden die **Insulaner** als „sehr handgreiflich" beschrieben, und hundert Jahre später notiert der damalige Pastor *Cordes:* „Ich kann es hier nicht länger aushalten, hier lebt ein allesamt schlimmes Gesindel, zusammengekoppelt, um Böses zu tun. Ich bitte zu Gott, mich von den Juistern zu erlösen und mich zu versetzen." Wiederum hundert Jahre danach nennt ein preußischer Beamter die Insulaner „sehr widerspenstig" und „ungehorsame Untertanen". Bereits 1880 aber „trifft man ein Inselvölkchen, das treu und bieder, gerade und ehrlich ist und nur von einem Dichter als Korsaren und Seeräuber verunglimpft werden mag." Es ist seit anno dunnemals offenbar zu einiger Läuterung gekommen.

Wesensarten

In jüngerer Vergangenheit hat ohnehin diverser **Zuzug aus „Deutschland"** stattgefunden – so nennt sich das Festland (im Unterschied zur Insel) bis auf den heutigen Tag. Rein „ostfriesisch" ist Juist also längst nicht mehr. Dennoch sind viele der ursprünglichen Wesensarten erhalten geblieben.

Als eine davon machte der Lehrer und Schriftsteller *Willy Troltenier,* der insulare Eigenheiten in der ersten Hälfte des 20. Jahrhunderts sorgfältig protokollierte, das Element der **„sturen Weisheit"** aus. Diese ist zwar generell ein friesisches Charakteristikum, doch unter den Juistern offenbar ganz besonders ausgeprägt. Ihr ist es nach Troltenier zu verdanken, dass die Insel nicht verstädterte und dass ihre Natur erhalten blieb, weil man „Gefahren von außen" weise abzuwehren verstand. Obrigkeitshörigkeit war ja, wie schon frühe Beobachter vermerkten, nie eine besondere Stärke der Juister gewesen, die von alters her mit den Bedrohungen der Natur und mit sich selber fertig zu werden verstanden, ohne übergeordnete Instanzen zu Hilfe zu rufen. Man wünscht sich im Zeitalter des Vollkasko, dass es mehr Menschen dieser Sorte gäbe.

Das Element der **Fremdenfeindlichkeit** ist allerdings die Kehrseite der Medaille. Denn zu den Gefahren von außen zählten traditionell alle Nichtostfriesen. Diesen galt es seit eh und je mit Misstrauen zu begegnen. Die „Fremden" führten zumeist nichts Gutes im Schilde und versuchten vor allem die unbedarften Einheimischen zu übervorteilen.

Dieses Misstrauen zeigt sich auch darin, dass die Ostfriesen **Neues oft geradezu hysterisch ablehnten.** Typisch dafür ist zum Beispiel, dass es im 18. Jahrhundert (auf dem ostfriesischen Festland) in den Kirchen schwere Aufstände der Gemeinden gab, dass gar mit Steinen geschmissen, gebrüllt und eisig geschwiegen wurde – nur weil neue Gesangbücher eingeführt werden sollten ...

Von dieser Haltung ist bis auf den heutigen Tag einiges erhalten geblieben, obwohl man sich im Zeichen des Fremdenverkehrs nun wirklich mit Fremden abgeben muss. Und die mit den Insulanern. Es bedarf immer einiger Anlaufzeit, wie die Gäste bald merken werden, um die **Reserviertheit der Eingeborenen zu überwinden.** Ist das Eis einmal gebrochen, werden sich die Juister Ostfriesen jedoch als freundlich, hilfsbereit und gar nicht unbedarft entpuppen. Und vielleicht wird man – unwahrscheinlichstes aller Szenarien – sogar zu einer Tasse Tee eingeladen.

Einheimischer und Gäste

015ju hb

Hochdeutsch und Plattdeutsch

Eigene Sprache

An der Küste und auf den Inseln spricht man weiterhin viel Plattdeutsch („Platt"). Es handelt sich dabei um eine richtige Sprache und keinen folkloristisch aufgepeppten Dialekt, und der **Unterschied zum Hochdeutschen** ist oft eklatant. Der aus südlichen Gefilden stammende Bundesbürger wird, wenn es so richtig dicke kommt, kein einziges Wort verstehen.

Oder etwa doch? Nehmen wir einmal an, Sie sind aus Stuttgart und warten in Norddeich auf Ihre Fähre, wobei Sie noch ein wenig am Fischereihafen umherbummeln. Und dort fragen Sie einen knorrigen Eingeborenen auf seinem Kutter, was er da so macht. Seine (etwas unwirsche) Antwort:

„Kien Tied to proten. Ik hebb dat bannig drok; mutt gau no buten hen bi dit mooi Weer vandagen!"

Alles klar? Wohl eher nicht, gell? Er hat folgendes gesagt:

„Keine Zeit zum Unterhalten. Ich hab's mächtig eilig; muss schnell nach draußen bei dem schönen Wetter heute!"

Eine ganz schön exotische Sprache, nicht wahr? Und sie stirbt keineswegs aus, denn sie wird liebevoll gefördert, in Medien, Schulen, Vereinen. Also: Mitmachen!

Platt lernen

Wer sich mit den Insulanern auf Plattdeutsch unterhalten kann, hat „Schlag" bei ihnen – man ist nicht mehr passiver Tourist, sondern „eine/r der ihren". Das **Lehrbüchlein „Plattdüütsch"** in der Kauderwelsch-Reihe dieses Verlags leistet dabei nützliche Dienste. Sogar bei „Asterix & Obelix" lässt sich das Küstenpatois lernen, denn die bekannte Serie kommt auch auf Platt heraus. Plattes gibt's ebenfalls im Internet. Bei www.radiobremen.de kann man an entsprechenden Lektionen teilnehmen.

Moin moin

Nein, es hat sich immer noch nicht herumgesprochen, wofür dieser muntere Küstengruß eigentlich steht. Binnenländer, die von den Nordlichtern dieserart angeredet werden, haben nach wie vor das **Empfinden, verschaukelt zu werden** und reagieren demgemäß. Wer noch am späten Abend einen „guten Morgen" entbietet, kann ja wohl nicht ganz dicht sein, oder?

Ist er aber. Denn „moin" ist gar kein plattdeutscher Morgen. Das Wort kommt von „mooi" und bedeutet, siehe der obige Beispielsatz, „gut", „schön". Man wünscht auf diese Weise **alles Gute.** Von morgens bis abends. Das ist doch gut, oder etwa nicht?

Einige Juister machen auch vom „Norderney-Gruß" Gebrauch: Ein langgezogenes „Heeeyyy".

Essen und Trinken

Essen

Eine typisch insulare oder gar „friesische" Küche gibt es auf Juist nicht. Zu bedenken ist ja auch, dass alle Lebensmittel mit Ausnahme einiger Fischereiprodukte vom Festland herangeschafft werden müssen, was regionalen Kochkünsten recht abträglich ist. In den zahlreichen Gaststätten, wie später noch unter „Gastronomie" ausgeführt wird, kann man jedoch vorzüglich speisen, und wer sich selber mit Seafood versorgen möchte, findet in der Fischhandlung Schönrock im Rosengang ein reichhaltiges Angebot.

Granat

Nicht alles Fischige dort entstammt jedoch **Juister Gewässern.** Mit Ausnahme von Granat. So werden die kleinen Garnelen (fälschlich: Krabben) genannt, die mit ausladenden „Kurren" von Kuttern gefangen und noch an Bord in Seewasser gekocht werden.

Eine Mahlzeit **Granat auf Roggenbrot** ersetzt ein weitaus substanzielleres Gericht, ist sättigend und gesund. Nur: „Puhlen" (schälen) muss man die Krabbeltiere selbst (sonst wird's deutlich teurer), und Ketchup/Majo sollte man auch weit von ihnen fernhalten.

Matjes-Hering

Ein zwar nicht „typisch Juister", aber ein wahrhaft **küstenspezifisches Gericht** ist der Matjes-Hering. Er kommt großenteils aus der Nordsee und wird überwiegend in Emden verarbeitet. Genau besehen ist der Matjes roh; er gewinnt nur durch Einlegen in eine spezielle Lake die richtige „Reife".

Und so edel ist sein Geschmack, dass man ihn sogar „Kaviar der Nordsee" nennt. Man kann Matjes **essen,** indem man ihn am Schwanz packt und mit einem Minimum an Kautätigkeit verschwinden lässt – die durchaus gesellschaftsfähige Art des Verzehrs. Wer ihn in eigener Regie zubereiten möchte: Die Zutaten sind Pellkartoffeln, (rohe) Zwiebelringe und saure Sahne.

016ju rh

Trinken

Wasser

Befassen wir uns, wenn's ans Thema „Trinken" geht, erst einmal mit der insularen Herkunft des wichtigsten aller Getränke, nämlich des Wassers. Juist hat seine **eigene Wasserversorgung** in Gestalt einer Süßwasserlinse, die der Insel (oberhalb eines Reservoirs aus salzigem Wasser) unterliegt. Da weder Herbi-, Pesti- noch andere -zide im Juister Boden versickern und Treibstoffe und Öle erst recht nicht, ist das Wasser, zumal seine Eigenschaften ständig überwacht werden, von exzellenter Qualität.

Tee

Weil ihr Wasser so gut ist, verwenden es die Juister auch gern für ihre liebste Labe, nämlich den Tee. Selbiger wurde im 18. Jahrhundert **in Ostfriesland eingeführt,** weil die Eingeborenen nach Ansicht der örtlichen Geistlichkeit zu viel zechten. (Falsch ist, dass man an den Deichen seinerzeit den französischen Revolu-

Jede Menge Granat

tionsruf „Liberté“ als „lieber Tee“ interpretierte, wie böse Zungen mitunter behaupten.)

Als rechte Ostfriesen verkonsumieren die Juister **Tee in rauen Mengen,** und vom Inselgast wird erwartet, dass er diesbezüglich mithält. Und, versteht sich, gut dafür bezahlt. Das schmerzt aber nicht allzu sehr, denn der Tee wird auf Juist, wie in ganz Ostfriesland, mit großer Sorgfalt, ja geradezu zeremoniell zubereitet, und das Endprodukt ist deshalb immer vorzüglich.

Auch beim nachfolgenden **Ritual** wird Konformität erwartet: Die Teekanne wird auf ein **„Stövje“** (Art Mini-Samovar) gestellt, damit das Getränk heiß bleibt. Man füllt einen Brocken Kandiszucker oder zwei in die Tasse und gießt den Tee dazu. Wer jetzt umrührt, begeht zwar noch keinen Fauxpas, aber politisch korrekt ist dieser Akt in Ostfriesland schon nicht mehr. Vollends ins Fettnäpfchen tritt man, wenn man „rudert“, nachdem als nächster Schritt aus einer speziellen „Kumme“ die Teesahne zugefügt wird. Sagen die Ostfriesen jedenfalls und verdrehen die Augen zum Himmel, wenn es ein Barbar dennoch tut. Wem der gerührte Tee aber besser schmeckt, der rühre ungerührt. Und wer einen obligaten Schuss Rum in der Tasse nicht haben möchte, der sage rechtzeitig Bescheid. Er „muss“ nämlich keineswegs sein.

Alkohol

Die meisten Binnenländer sind überzeugt, dass die **Küstenmenschen** ständig eine Buddel in der Tasche haben und unentwegt daran nippen. Gleichermaßen glauben viele Küstenmenschen, dass die Binnenländer nur an die Nordsee reisen, um sich dort vollzuschütten. Weil's im Norden ja immer so kalt ist und der Alk so wohlig wärmt, stimmt's?

Stimmt nicht. Erstens ist es an der See keineswegs immer kalt. Und zweitens ist Alkohol die absolut **falsche Medizin, um Kälte zu bekämpfen.** Mediziner warnen strengstens vor dem Stoff. Wer stundenlang in der kühlen Nordsee herumgetobt hat und dann blauhäutig mit den Zähnen klappert, für den ist Alkohol (auch der „s-teife Grog“) das reine Gift. Trotz eines eingänglichen Wärmegefühls beim Trinken führt der Alk nämlich als nächstes zur Erweiterung der Körperporen. Dadurch gibt der Körper mehr Wärme ab, als er produzieren kann, und seine Temperatur sinkt weiter. Wer jetzt vielleicht noch fortfährt zu baden, womöglich angesäuselt ins Wasser geht, verliert massiv Körperwärme und begibt sich in ernste gesundheitliche Gefahr.

Aber im Vertrauen: Man kann natürlich auch „mal 'n Lütten hebben“, wie man an der Küste sagt, ohne gleich baden zu gehen. Hoffen wir's zumindest ...

417ju ff

6 Anhang

Schützenswerte Juister Dünenlandschaft

Literaturtipps

- *Jakubowski-Tiessen, Manfred:* **Sturmflut 1717.** Oldenbourg, München.
  Wissenschaftliche Auseinandersetzung mit der Megaflut.
- *Kampfer, Georg (Hg.):* **Der Untergang der Excelsior.** Selbstverlag, Norderney.
  Chronologie einer Schiffskatastrophe im Jahre 1866. Spannende Lektüre, aber leider etwas dünn gedruckt.
- *Nolte, Egbert:* **Die Juister Inselbahn.** Verlag Kenning, Nordhorn.
  Chronologie des „Bähnleins am Hellersaum". Reich bebildert und mit vielen technischen Daten.
- *Runge, F.:* **Kleiner Juist-Führer.** H. & J. Altmeppen, Rheine.
  Miniführer mit Routenbeschreibungen.
- *Schröter, Jan:* **Juist – Ein illustriertes Reisehandbuch.** Edition Temmen, Bremen.
  Kompaktes Büchlein mit schönen Farbbildern.
- *Troltenier, Willy:* **Juist gestern und heute.** Verlag der Buchhandlung Koch, Juist.
  Aktualisierter Oldtimer, urspr. aus den dreißiger Jahren des letzten Jahrhunderts, interessant und humorvoll geschrieben.

Einige der o.g. Titel sind nur noch antiquarisch erhältlich.

Weitere Titel für die Region von Reise Know-How

Plattdüütsch – das echte Norddeutsch
Hans-Jürgen Fründt, Hermann Fründt
978-3-89416-322-8
144 Seiten
Band 120
7,90 Euro [D]

Audio-CD Plattdüütsch – das echte Norddeutsch
Hans-Jürgen Fründt, Hermann Fründt
978-3-8317-6136-4
Ca. 60 min Laufzeit
Die wichtigsten Redewendungen und Wörter auf Plattdüütsch
7,90 Euro [D]

Der Dialektführer versetzt Besucher und Zugereiste in die Lage, die Sprache der alteingesessenen Bewohner mit all ihren fremdartig und zuweilen lustig klingenden Lauten und Ausdrücken wirklich zu verstehen. Damit kann sich der Gast gekonnt in die Lebensart, das Lebensgefühl, die Lebensphilosophie der Menschen vor Ort einfühlen. Neben grundlegenden lautlichen und grammatikalischen Unterschieden geht es vor allem darum, was Alteingesessene auf der Straße und zu Hause sprechen. Der Dialektführer bringt einen immer wieder zum Schmunzeln und vermittelt gekonnt Mentalität und Lebensgefühl des jeweiligen Sprachraums. Sprachliche Leckerbissen, gespickt mit umgangssprachlichen Floskeln, Redewendungen und lockeren Sprüchen, die den Mutterwitz der Bewohner charakterisieren sind Programm.

www.reise-know-how.de

Das komplette Programm zum Reisen und Entdecken von

REISE KNOW-HOW

- **Reiseführer** – alle praktischen Reisetipps von kompetenten Landeskennern
- **CityTrip** – kompakte Informationen für Städtekurztrips
- **CityTrip PLUS** – umfangreiche Informationen für ausgedehnte Städtetouren
- **InselTrip** – kompakte Informationen für den Kurztrip auf beliebte Urlaubsinseln
- **Wohmobil-Tourguides** – alle praktischen Reisetipps für Wohnmobil-Reisende
- **Wanderführer** – exakte Tourenbeschreibungen mit Karten und Anforderungsprofilen
- **KulturSchock** – Orientierungshilfe im Reisealltag
- **Kauderwelsch Sprachführer** – vermitteln schnell und einfach die Landessprache
- **Kauderwelsch plus** – Sprachführer mit umfangreichem Wörterbuch
- **world mapping project™** – aktuelle Landkarten, wasserfest und unzerreißbar
- **Edition REISE KNOW-HOW** – Geschichten, Reportagen und Abenteuerberichte

Zu Hause und unterwegs – intuitiv und informativ

► www.reise-know-how.de

- **Immer und überall** bequem in unserem Shop einkaufen
- Mit **Smartphone, Tablet** und **Computer** die passenden Reisebücher und Landkarten finden
- **Downloads** von Büchern, Landkarten und Audioprodukten
- Alle **Verlagsprodukte** und **Erscheinungstermine** auf einen Klick
- **Online** vorab in den Büchern **blättern**
- Kostenlos **Informationen**, **Updates** und **Downloads** zu weltweiten Reisezielen abrufen
- **Newsletter** anschauen und abonnieren
- Ausführliche **Länderinformationen** zu fast allen Reisezielen

Register

Der Autor

Roland Hanewald wurde 1942 an der Waterkant (Cuxhaven) geboren und wuchs an der Weser auf. Nach über 20 Jahren Seefahrt als Handelsmarineoffizier und einem langjährigen Aufenthalt im Inselstaat der Philippinen kehrte der Autor an die Nordseeküste zurück – alte Liebe rostet nicht. Seither ist er, in Neuenburg in der Friesischen Wehde ansässig, als Journalist und Schriftsteller tätig – sofern er nicht gerade eine seiner häufigen weltweiten Expeditionen unternimmt.

Der vorliegende Juist-Führer ist Roland Hanewalds 71. Buch. Im Reise Know-How Verlag sind von ihm u. a. Nordseeküste Niedersachsen sowie folgende Inseltitel erschienen: Amrum, Baltrum, Borkum, Föhr, Helgoland, Langeoog, Norderney und Spiekeroog. Dazu gesellen sich über 1200 Beiträge in führenden Magazinen in 44 Ländern und in 19 Sprachen.

080b rh